KB104018

사람
마을
세계를
잇다

아름다운재단 변화의시나리오 인큐베이팅 01

사람 마을 세계를 잇다
사회적협동조합 지리산이음

초판 1쇄 펴낸 날 2019년 4월 5일

지은이 • 장상미
펴낸이 • 김삼수
편   집 • 김소라
디자인 • 디자인포름

펴낸곳 • 아모르문디
등   록 • 제313-2005-00087호
주   소 • 서울시 마포구 성미산로13길 87, 201호
전   화 • 0505-306-3336
팩   스 • 0505-303-3334
이메일 • amormundi1@daum.net

ISBN 978-89-92448-77-2 04330
　　　 978-89-92448-76-5 (세트)

ⓒ 아름다운재단, 2019

＊이 책에 사용된 모든 사진의 저작권은 지리산이음에 있습니다.
　저작권자의 허락 없는 무단 사용을 금합니다.

아름다운재단
변화의시나리오
인큐베이팅
01

사람
마을
세계를
잇다

사회적협동조합
지리산이음

장상미 지음

아모르문디

프롤로그

여정은 늘 동서울터미널에서 시작한다. 띄엄띄엄, 두어 시간에 한 대 있을까 말까 한 백무동행 시외버스가 거기서 출발한다. 플랫폼이 터미널 입구에서 꽤 떨어져 있어 잘 찾아 들어가야 한다.

이 버스를 타면 여느 시외버스와는 다른 느낌을 받는다. 분명 멀리 있는 작은 시골 마을을 향해 가는 버스인데 승객은 평생 농사를 지었을 노인들이 아니라 등산복 차림에 배낭을 멘 도시 사람이 주를 이룬다.

지리산 때문이다. 남한에서 한라산 다음으로 높고, 역사적·문화적으로 다채로운 사람들의 이야기를 품어온 웅장하고 아름다운 산. 그 넉넉함에 반해 커다란 배낭 가득히 짐을 챙겨 메고, 길게는 사나흘 여정으로 능선 따라 종주를 하는 사람들이 예전부터 많았다. 버스 종점인 백무동은 바로 이 지리산에 오르는 관문 중 하나다. 거기서 산행을 시작하면 가장 높은 봉우리인 천왕봉을 대여섯 시간 만에 바로 오를 수 있다.

그런데 언젠가부터 버스에서 마주치는 등산객의 면면이 조금 달라졌다. 산행이나 종주를 하기에는 걸맞지 않은 작은 배낭 하나만 달랑 멘 사람들이 종종 눈에 띈다. 때로는 아예 편한 바지에 운동화를 신은 채 설레는 표정으로 앉은 사람도 본다. 나는 그들이 어디를 가는지, 어째서 꼭 이 버스를 타는지 한동안은 전혀 짐작하지 못했다.

평일 아침, 승객을 절반 정도 태운 채 복잡한 서울 시내를 빠져나온 버스는 쭉 뻗은 고속도로를 신나게 달려 나간다. 세 시간쯤 지나면 첫 번째 정류장인 경상남도 함양에 도착한다. 터미널에 머무는 동안 마음을 단단히 먹고, 자세도 고쳐 앉아야 한다. 이제부터는 길이 만만치 않을 테니까. 아니나 다를까 함양읍을 벗어나기 무섭게 버스가 좌우로 요동치기 시작한다. 거대한 산자락을 북쪽 끄트머리부터 야금야금 파고 들어가는 길이라, 넋 놓고 앉아 있다가는 멀미하기 딱 좋다.

그렇게 한 20분을 가을날 억새처럼 흔들리다 보면 두 번째 정류장인 인월터미널 도착 안내 방송이 나온다. 가만히 휴대폰을 들여다보던 승객 한 명이 기사에게 묻는다.

"저, 기사님, 매동마을에 내려주실 수 있나요?"

"아이고, 안 됩니다. 거기 가려면 인월에서 내려서 시내버스 타셔야죠. 왜, 둘레길 걸으시려고요?"

"네. 기사님한테 얘기하면 중간에 내릴 수 있다고 하던데…"

"아니에요. 요새는 안 그래요. 시외버스가 아무 데서나 내려주고 그러면 안 되거든요. 아 참, 딱 한 군데, 실상사 앞에서는 내릴 수 있어요. 회사에서 거기는 꼭 내려주라고 하더만요. 다른 데는 안 돼요."

아, 둘레길 가시는구나. 그러고 보니 알겠다. 어쩐지 가벼운 차림새를 한 그들은 산꼭대기 능선을 타려는 등산객이 아니라 나지막이 마을 사이를 이은 둘레길을 걸으려는 여행자들이다. 지리산에 둘레길을 조성하자는 이야기가 처음 나온 게 2004년이고, 마침내 길 전체가 열린 게 2012년이다. 그 덕에 지난 몇 년 사이 지리산을 찾는 사람들도 차차 달라져왔음을 그제야 눈치챘다.

매동마을에서 내리려던 승객은 그냥 마천까지 갈 모양인지 조용히 다시 자리에 앉는다. 나는 어쩐지 겸연쩍은 기분으로 주섬주섬 짐을 챙긴다. 버스 기사 말대로 터미널이 아닌데도 승객을 내려주는 단 한 곳, 실상사 앞에서 내릴 사람이 바로 나였으니까.

정류장 표지도 없는 곳에 나를 내려준 버스는 어느새 훌훌 떠나버린다. 고개를 들면 라면에서 파리채까지 온갖 물건을 갖춰둔 실상마트가 보이고, 그 옆에는 입장권을 파는 매표소가 서 있다. 천

년 고찰 실상사에 들어가는 입장료는 어른 1,200원. 그 너머, 푸른 물길 위로 드리운 다리를 건너가면 머지않아 고즈넉한 사찰이 나타날 테다. 그러나 나는 입장권을 사지도, 다리를 건너지도 않고 곧장 뒤돌아서 터벅터벅 걷는다. 오늘 내 목적지는 실상사가 아니라 길 건너편에 멀찍이 떨어져 앉은 1층짜리 작은 건물이니까. 거기에 지리산이음과 지리산 작은변화지원센터 사무실이 있다. 이제부터 내가 듣고 전해야 할 이야기들, 느끼고 품어서 다시 그려내야 할 풍경의 출발점이 바로 그곳이다.

차 례

들어가며

어쩌면 연결된 이야기들

이야기는 모두 연결되어 있다. 하나의 이야기를 써 내려갈 때, 그 모든 일이 시작된 지점을 정확히 파악하기란 불가능하다. MRI로 촘촘히 뇌를 찍어보아도 사람의 마음을 알 도리가 없듯이, 아무리 여러 사람을 붙들고 묻고, 뒤적이고, 그림을 그려보아도 마을과 사람들 사이에 물 흐르듯 이어져온 변화의 흐름을 단숨에 잡아낼 방법은 없다. 하는 수 없이 나는 나 자신을 나침반 삼아 가장 오래된 기억을 끄집어내며 이야기를 시작해보려 한다.

2002년에서 2003년으로 넘어가던 겨울이었다. 이십 대 후반이던 나는 서울의 한 시민 단체에서 상근 활동가로 첫 1년을 무사히 보내고 한숨을 돌리고 있었다. 단체에서 연말 평가를 위한 1박 워크숍을 가는데, 목적지가 지리산이란다. 일행을 실은 차는 고속도로를 몇 시간 달린 것도 모자라 하염없이 깊은 산속으로 고불고불 올라가더니 갑자기 조그만 한옥 단지 앞마당에 멈춰 섰다. 차분히 늘어선 목조 주택 뒤로는 나무가 빽빽이 서 있고, 이미 내린 눈으로 사방이 하얗게 덮여 있었다.

그곳은 실상사 귀농학교에서 지은 숙박 교육 시설이었다. 귀농학교는 뭘 하는 곳인지, 그 공간을 어째서 우리가 쓸 수 있는지, 그때는 아무것도 알지 못했고 궁금하지도 않았다. 활동 1년 차를 정리하면서 앞으로의 방향을 따라잡는 것만 해도 내게는 몹시 버거운 과제였다. 이튿날 아침 다들 구례에 있는 온천에 간다며 외출한 사이에도 나는 방 안에 처박혀 자료를 읽고 일기를 썼다. 그래서인지, 몹시 추운 겨울이었음에도 그때를 생각하면 온몸을 따뜻하게 감싸주던 구들방의 온기가 제일 먼저 떠오른다. 그다음은 떠나기 전 툇마루 앞에서 다 같이 찍은 흑백 사진 속 동료들의 편안한 미소다.

사진 속에 함께 서 있던 동료 중 두 사람이 지금 바로 그 동네에 살고 있다. 오관영, 조아신이다. 귀농학교를 다니지도 않았고, 농사를 짓지도 않는다. 말 그대로 그냥 거기서 산다. 여전히 서울에 사는 나는 일찌감치 그만둔 시민운동을, 둘은 시골로 이주한 후로도 계속 해나가고 있다. 사실 그것이 운동인지 무엇인지에 관해서는 각자 의견이 다르다. 다만 이전보다 폭넓고 다양한 이웃들과 접촉하며, 날이 갈수록 흥미진진한 이야기를 퍼 올리고 있는 것만은 분명하다. 그리고 지금 나는 그 넘쳐나는 이야기를 기록하는 임무를 맡았다.

서울에서 함께 활동하며 겪은 오관영은 무슨 일을 하건 진지하고 섬세하게 파고들며, 상대에게 진심을 그대로 드러내 보이는 사람이었다. 나는 그런 태도가 무겁고 답답해서 자주 불평과

타박을 했다. 사회 운동 20여 년 만에 겨우 맞이한 안식년에 굳이 단체 운영 기금을 모으겠다고 순례에 나섰을 때는 헛웃음을 짓기도 했다. 유럽의 오랜 도보 길인 스페인 산티아고 가는 길, 800킬로미터에 달하는 그 먼 길을 지인과 후원자들에게 1킬로미터에 1만 원씩 기부받으며 걷겠다고 했다.

늘 간당간당한 단체 재정에 압박을 받던 나는 활동가의 쉼조차도 연료로 끌어다 써야 하는 상황이 못마땅했다. 그래도 그게 오관영의 방식이라는 걸 알기에 더는 어쩌지를 못했다. 아니, 사실은 그 아이디어가 아주 마음에 들었다. 그래서 나 역시 모처럼 받아둔 휴가 첫 달을 모금 진행에 홀랑 써버렸으니, 덩달아 참 딱한 사람이었다. 그것이 오관영과 내가 10년 동안 같은 단체에서 활동하면서 마지막으로 함께한 일이었다.

조아신은 좀 다른 이유로 골치 아픈 존재다. 그다지 말이 없고 앞에 잘 나서지 않는 편이지만, 사실은 새로운 일을 기획하고 함께할 사람을 찾아내는 데 탁월한 능력이 있다. 오래전 내가 우연히 들른 시민 단체에서 자원 활동가로, 얼마 후에는 상근 활동가로 눌러앉게 만든 장본인이기도 하다. 그 뒤로 약 5년 동안 같은 단체에서 동료로 지내며 이런저런 일을 함께 벌였다. 누가 먼저 말을 꺼냈든 상관없이 새롭고 재밌다 싶은 일이면 어느 틈에 슥슥 진행해버리니, 정신을 차려보면 이미 그 일의 한복판에 함께 있기 일쑤였다.

당시 우리가 '새롭다'고 느낀 일은 인터넷을 매개로 벌어지는 경우가 많았다. 인터넷은 특정한 주제에 관해 흩어져 있던 정보와 의견을 모아서 보여주기 좋았고, 이전에는 중시하지 않던 개인적이고 일상적인 이야기에서 공적인 의미를 찾아내는 작업에도 유용했다. 2000년대 중반 웹서비스가 산업적, 문화적으로 크게 발달하고 있었지만, 소셜미디어와 스마트폰은 본격 등장하지 않은 때였다. 우리는 html과 php, 그리고 기본적인 서버 운영 지식만으로 각종 웹사이트를 만들고, 게시판을 운영하고, 블로그 서비스를 제공하고, 팟캐스트를 시도했다. 뭐든 일단 작게 시작하고, 이후의 과정은 상황과 흐름에 맡기며 그때그때 가능한 일을 했다.

일하는 방식도 달랐다. 처음 보았을 때 이미 가족과 시골로 이주해 살고 있던 조아신은 일주일에 3~4일 정도는 서울로 출근하고, 나머지는 재택근무를 했다. 반드시 같은 사무실에 나와서 일해야 한다는 고정관념을 깨는 도전이었다. 그 덕에 동료들은 예외 없이 온라인 협업 방식을 익혀야 했다. 특별한 협업 도구도 없었다. 모두가 쓰는 이메일, 전화, 그리고 CUG라고 부르던 비공개 게시판만으로 우리는 무슨 일이든 함께했다. 같은 사무실에 있든 없든, 모든 정보와 논의 사항은 구두가 아닌 온라인 문서로 기록하는 게 제1원칙이었다.

조아신은 나중에 단체를 떠나 다른 조직에서 일할 때도 그 방식을 고수했다. 디지털 노마드식 일하기랄까. 새로운 사람들과 새로운 일을 벌일 때도 마찬가지였다.

2012년, 조아신이 기획안을 한 장 보여주었다. 10년 동안 살아온 시골 마을에 공간을 하나 만들겠다고 했다. 아마도 카페가 되지 않겠냐고 했다. '생태적 삶, 자립적 삶을 찾아 귀농한 사람들이 그득한 마을에서 자본주의의 상징 같은 카페를 한다는 게 말이 돼?'라고 괜히 트집을 잡아볼 수도 있었을 텐데, 그때는 그 이야기가 별로 이상하게 들리지 않았다. 정보를, 사람을, 마을을 연결하는 기회를 만들어내는 일, 그 안에서 벌어지는 사람들 사이의 다양한 역동을 자연스레 북돋우는 일. 그동안 우리가 함께 또 따로 해왔던 일에서 크게 벗어나지 않는 기획이었다.

한 가지 다른 점이 있다면, 온라인이 아닌 현실 공간에서 하겠다는 것이었다. 공간을 매개로 하니 모두가 하나의 조직으로 묶일 필요도 없고, 하나의 목표를 향해 달릴 필요도 없다. 카페라는 공간은 그 자유로움과 유연함을 담기에 괜찮은 그릇으로 보였다.

일은 순식간에 진행되었다. 그해 가을, 산내면에 '지리산문화공간 토닥'이 문을 열었다. 그즈음 귀촌을 준비하던 오관영이 그 동네로 이주했다는 소식을 들었고, 이듬해에는 함께 '지리산이음'이라는 단체를 만들었다고 했다. 포럼이니, 워크숍이니, 음악회니 온갖 행사를 열고, 책도 내고, 마을 소농들의 농산물 유통을 돕기도 했다. 멀리 떨어진 서울에서도 점점 더 많은 사람이 '지리산이음'을 궁금해하고 직접 찾아가 만나고는 했다. 귀농이 아닌 다른 형태로 마을에 이주하는 지인도 늘었다.

그렇게 7년이 지난 지금, 나는 쉽고도 어려운 질문 앞에 서 있다. 공간을 하나 만들겠다던 조아신의 기획안 이후, 그 마을에서는 대체 무슨 일이 벌어진 걸까? 멀리서 가끔 들여다보며 짐작만 했던 활동이 정말 내가 생각한 것과 같은 모습이었을까? 매일 먹고, 일하고, 부대끼는 마을에서 많은 사람들이 자기 시간과 열정을 포개며 함께 벌여온 일들, 그 안에 담긴 에너지를 어떤 단어와 그림으로 표현해야 마땅할까? 애초에, 변화를 이루려는 사람의 마음에 담긴 가장 깊숙한 동기가 무엇인지를 나는 알고 있었던 걸까?

그렇게 꼬리를 무는 질문을 안고서 나는 시외버스를 타고, 자료를 읽고, 사람들을 만나고, 밤새워 이야기의 얼개를 그려나갔다. 그리고 깨달았다. 처음부터 하나의 그림이란 존재하지 않고, 사람들이 움직이는 동기는 저마다 다르며, 그럼에도 모든 이야기는 연결되어 있다는 것을 말이다. 그렇다면 내가 할 수 있는 일이란 그 연결된 이야기의 갈래를 조심스레 수집해두는 것뿐이다. 앞으로 나올 이야기들은 바로 그런 맥락 속에서 그동안 내가 수집해온, 저마다 다르면서 서로 연결된 이야기가 될 것이다.

그 마을에서 일어난 일들 ●

전라북도 남원시 산내면. 이곳은 1998년 실상사를 중심으로 시작한 귀농학교를 통해 꾸준히 귀농자가 모여든 마을이다. 인구가 2천 명 정도이던 이 작은 마을에 지금까지 귀농, 귀촌한 인구가 약 5백 명에 달한다. 면내 초등학교 학생이 백 명이 넘고, 중등 대안학교인 '실상사 작은학교'도 마을 안에 있다. 생명살림과 도농 연대를 추구하는 '인드라망생명공동체', 귀농 및 환경농업 교육, 어린이집, 방과 후 학교, 친환경 매장 등을 운영하는 '한생명', 댐 건설을 반대하는 주민 운동에서 시작해 지리산권 생태 보전 활동을 펼쳐온 '지리산생명연대'와 같은 비영리 단체가 귀농자와 마을 주민들의 삶을 지지하며 함께 활동하고 있다.

이런 활동은 대부분 실상사와 귀농 운동을 중심으로 출발했지만, 단지 특정 종교나 귀농자, 그리고 인근 지역만을 위한 자조적 운동이라기보다는 사회적 대안으로서 생명평화 사상에 입각한 실천에 가까웠다.

산내면 풍경.
이곳에서 '지리산이음' 프로젝트가 시작되었다.

이곳에서 2013년 '지리산이음' 프로젝트를 시작한 오관영, 임현택, 조아신은 2003년부터 2012년까지 앞서거니 뒤서거니 도시를 떠나 산내로 이주해 온 귀촌자다. 셋 다 농사는 안 짓지만 마을에 나름의 방식으로 뿌리를 내리고자 했다. 그러던 어느 날, 마치 때가 되었다는 듯 자기 삶에서 일구어온 마을과 세계에 관한 그림을 서로에게 내보였다. 퍼즐 조각처럼 자연스럽게 맞물린 그림 속에서 전에 없던 무언가가 새롭게 탄생할 준비를 했다. 그 첫 결실이 2012년 10월 문을 연 지리산문화공간 토닥이다.

공간이 바뀌면 관계도 바뀐다 - 지리산문화공간 토닥

조아신은 결혼하고 첫아이를 낳은 지 얼마 안 되어 서울을 떠나 지역으로 이주했다. 대학 때부터 쭉 서울에서 살았지만 어느 정도 사회생활을 하고 나면 떠날 마음을 갖고 있었다. 그런데 복잡한 서울에서 땅 한 번 마음대로 밟지 못하며 아이를 키우기 괴롭다는 아내의 말에 과감히 시기를 당기기로 했다. 아내 김현숙은 일찌감치 시골살이를 꿈꾸었고, 결혼 전에는 귀농학교에 다니며 농사일을 접하기도 했으니 주저할 것이 별로 없었다.

그들은 두어 번 이주한 끝에 2003년에 남원시 산내면에 정착했다. 자연이 워낙 아름답기도 하지만, 귀농학교를 통해 이주하는 사람이 점차 늘고 있어서 젊은 사람들, 특히 육아를 하는 가정이 많아 시골살이에 적응하는 부담이 덜한 곳이기도 했다.

집은 옮겼어도 조아신의 일과 사회적 관계는 여전히 서울에 있었다. 매주 초 서너 시간 시외버스를 타고 서울로 출근해 쩜

질방과 모텔에서 자며 며칠을 보낸 후 다시 시외버스로 귀가하는 생활을 반복했다. 마을에서는 특별히 무언가를 시도하기보다는 아이들을 통해 이웃과 자연스레 어울리는 수준에서 만족했다.

그렇게 10년을 별다른 일 없이 그저 살았다. 2012년, 직장 때문에 3년 동안 제주에 머물다 산내로 돌아온 조아신은 이전과는 조금 다른 마을살이를 하고 싶다고 생각했다. 귀농 인구가 수십에서 수백 명으로 늘었고, 어릴 때 부모를 따라 이주한 아이들이 십대, 이십 대로 성장하고 있었다. 도시를 떠나 다른 삶을 살고자 찾아오는 사람들 중에는 꼭 농사를 지으려는 사람만 있는 게 아니었다. 결혼을 하지 않거나 아이를 낳지 않는 사람도 늘었다.

그동안 농업, 생태적 삶, 육아와 교육이 중심이 되어온 마을 생활에 새로운 장이 필요하다고 생각했다. 그래서 공간을 하나 만들어보기로 했다. 제주에서 일하는 동안, 공간이 사람들 사이의 관계와 일하는 방식을 크게 바꾼다는 걸 체감했기 때문이다. 자신도 도시를 오가는 일을 줄이고, 농사를 짓지 않아도 마을에서 함께 할 일을 만들어보려 했다. 일과 삶, 이웃과 마을을 하나로 꿰는 새로운 방식을 자기가 사는 마을에서 시도해보고 싶었다.

기회가 될 때마다 이웃들에게 슬그머니 이야기를 꺼냈다. 사람들은 솔깃해하면서도 반신반의했다. 생각이 점차 무르익던 3월 무렵, 부산의 한 비영리 기관에서 일하던 임현택이 가족과 함께 산내로 이주했다. 나이도 같고, 비슷한 사회 경험에 차분한 성격마저 닮은 둘은 금세 합이 맞았다.

이리저리 구상을 하던 중에, 가끔 찾아가 맥주를 마시던 삼거리 호프집 주인이 몸이 아파 장사를 그만두려 한다는 말을 들었다. 혹시나 하고 물어보니 뜻밖에 건물을 내놓겠다고 했다. 바로 옆에는 시내버스 정류장이 있고, 근처에 면사무소와 파출소, 식당과 가게 몇 개가 늘어선 마을의 중심지였다. 당장 동네 주민 김인숙과 조아신이 사비를 내어 건물을 사들였다. 김인숙은 오래전 마을에 귀농해 한생명을 비롯한 다양한 활동에 헌신해온 주민으로, 조아신의 공간 기획에 가장 먼저 동의하고 참여한 사람이었다. 거기에 임현택이 가세하니 일은 급진전했다.

개인적 관심에서 출발했다고는 하나, 기획은 결코 사적인 영역에 머물지 않았다. 그들은 '지리산에서의 즐거운 실험'을 가치로 내걸고 산내뿐만 아니라 전국 곳곳에서 출자자를 찾고 후원자를 모았다. 행정적으로는 자영업으로 시작하되, 공간을 기획하고 운영할 주체는 공공의 영역으로 두기 위해 비영리 단체 '지리산문화공간'을 설립했다. 그리고 온라인을 통해 준비 과정을 수시로 외부에 공개하며 소통을 시도했다. 공간의 이름을 짓기 위해 공모전을 열기도 했다.

6개월 후, 드디어 '지리산문화공간 토닥'이 모습을 드러냈다. 그 공간은 그동안 마을에서 보기 어렵던 밝고 현대적인 분위기를 띠었다. 통나무 오두막 형태의 외관은 그대로 두고, 내부는 확 틔워 흰색 페인트로 마감했다. 입구 양쪽으로 나란히 테이블과 의자를 놓고, 기부받은 책, 특히 만화책을 가득 꽂은 책장과 개방

형 주방을 안쪽에 배치했다. 메뉴는 아메리카노, 카페라테 등 카페에서 주로 찾는 음료와 직접 만든 과일차를 제공하고, 우리밀 쿠키, 삼각 김밥 등 간단한 음식도 판매했다.

일자리는 여럿이 나누었다. 꾸준히 공간을 지키며 커피를 내리는 일은 급여를 받는 일자리로 만들어 두 명을 채용했다. 프로젝트 초안자인 김인숙, 임현택, 조아신은 기획뿐 아니라 카페 운영 일도 분담했지만 보수를 받지 않았다.

처음에는 물론 서먹했다. 일하는 사람들도 그랬지만, 아직 카페 문화가 익숙지 않던 지역 주민들은 선뜻 발을 들이지 못했다. 그래도 알음알음 사람들이 드나들고, 영화 상영, 작은 음악회, 각종 워크숍과 강연이 수시로 열리자 상황은 조금씩 달라졌다.

주민들은 그동안 집 안에서만 하던 취미 활동을 서서히 밖으로 가지고 나왔다. 그중에는 지금까지 지속하는 모임도 있고, 아예 단체나 경제 활동으로 확장한 경우도 있다. 토닥을 열 때부터 카페를 지켜온 김현숙은 당시 상황을 이렇게 말한다. "그 전까지는 뭘 하려면 누구네 집에서 모여야 했거든. 우리 집이든 다른 집이든. 사람이 드나들면 좋은 점도 있지만 신경 쓰이는 부분도 있는데 여기 나와서 하면 마음이 더 편하달까, 중립 지대 같은 느낌이 들어. 다른 사람들은 어떤 모임을 하는지도 눈에 보이고, 모르는 사람들도 지나가면서 보게 되고."

무언가 의도가 있는 활동을 꼭 해야 하는 건 아니었다. 그냥 차를 마시러 가거나, 영화 상영회 등 시골에서 접하기 힘든 문화생활을 즐기기만 해도 좋았다. 아이들은 하굣길에 간단히 음료를

마시거나 아이스크림을 사 먹고, 안전한 공간에서 가족을 기다
렸다. 물건을 맡기거나 컴퓨터, 프린터를 사용하기도 편리한 공
간이었다.

토닥의 등장은 새로운 세대의 등장이기도 했다. 불교 및 생태
운동 단체와 오십 대 안팎의 귀농 1세대가 주를 이루던 마을에
서 사십 대 이하 젊은 세대가 주도하는 프로젝트가 나타난 것이
다. 그러자 기존의 지역 사회에서 보이지 않던 존재들이 다채롭
게 드러났다. 카페라는 형태가 도시 생활을 경험한 사람들에게
더 친숙한 만큼, 그동안 마을에 들어와 있으면서도 눈에 잘 띄지
않던 젊은 세대가 하나둘 모습을 나타냈다. 오래지 않아 토닥은
조용한 시골 마을에서 생기 있는 사랑방으로 자리 잡았다.

지리산 둘레를 하나로 묶는다면? - 지리산권 공동체

토닥을 통해 가능성을 확인하자, 이들은 조금 더 큰 그림을 그
리기 시작했다. 마을 카페 토닥이 한창 꼴을 갖추어가던 와중에
산내에 귀촌한 시민운동가 오관영과 함께였다. 서울을 기반으로
오랫동안 사회 운동을 해온 그는 오십 대를 맞이하며, 이제 활동
가로서 마지막 10년은 지역에서 이어가기로 마음먹었다. 그 지
역을 산내면으로 선택한 건 매우 자연스러운 결정이었다. 이전
에 함께 일했던 조아신을 포함해 여러 지인이 이미 귀농 귀촌해
살던 곳이기 때문이다.

본격적으로 귀촌을 준비하며, 오관영은 지역에서 자신이 할
일이 무엇인지 고민했다. 특히 지리산댐 반대 운동을 비롯해 생

태 보전을 위해 지역 주민들이 이어온 고된 싸움을 돌이켜보며, 이제 마을을 뛰어넘어 지리산 둘레를 아우르는 기획이 필요하다고 생각했다.

마침 지리산둘레길이 기나긴 준비 과정을 거쳐 완전 개통할 참이었다. 전체 길이가 274킬로미터에 달하는 도보 길인 지리산둘레길은 지리산을 둘러싼 5개 시군, 21개 읍면, 120여 개 마을을 관통한다. 오관영은 거기서 영감을 얻었다. '물리적인 길이 열렸으니 이제는 사람과 마을도 연결해야 하지 않을까?' 그래서 떠올린 게 '지리산권'이라는 개념이다. 광대한 지리산을 둘러싸고 있으나 행정적으로는 제각기 나뉘어 있는 인근 지역, 즉 전라북도 남원시, 전라남도 구례군, 경상남도 하동군, 산청군, 함양군을 하나의 권역으로 묶는 것이다. 그렇게 조각나 있던 이해관계자의 폭을 크게 넓힘으로써, 단지 댐이나 케이블카 건설을 막는 것뿐 아니라 지리산권 전체의 생태적 가치를 주장하고, 경제적으로나 문화적으로 보다 큰 틀에서 지역의 구심점을 마련할 수 있으리라 상상했다.

그런 오관영의 구상이 먼저 산내에서 일을 벌인 임현택, 조아신과 맞닿았다. 마침 '아름다운재단'이 진행하던 '변화의시나리오 인큐베이팅 지원사업'은 세 사람의 구상에 날개를 달아주었다. 사람과 마을, 마을과 세계를 연결하는 '지리산이음' 프로젝트는 그렇게 탄생했다.

변화의시나리오 인큐베이팅 지원사업

아름다운재단 인큐베이팅 사업의 핵심 목표는 자발성과 지속 가능성을 갖춘 공익 단체 설립을 돕는 것이다. 세 사람은 장기 적으로 지리산권의 사람과 마을을 연결하고 지원하는 지리산 문화재단을 설립한다는 계획을 세우고 지원서를 제출했다. 그 리고 바로 그해의 인큐베이팅 단체로 선정되었다. 3년여 동안 총 2억 원의 기금과 실무 지원을 제공받는 흔치 않은 기회를 얻 은 것이다.

인큐베이팅 단계에서 가장 먼저 시작한 것은 조사 작업이다. 전해 듣는 이야기든 매체를 통해 알려진 사례든, 실제로 현장을 찾아 직접 이야기를 듣지 않고는 섣불리 지역을 말하기 어렵기 때문이다. 2014년에서 2015년 사이, 지리산권에서 대안적 활동 을 하는 사람과 단체를 30차례에 걸쳐 인터뷰하고 그 내용을 홈 페이지에 게시했다. 인터뷰 기록은 산내 귀농자 중 한 명인 정상 순이 맡았다. 이 과정에서 생각보다 훨씬 다양하고 역동적인 움 직임이 곳곳에서 일어나고 있음을 확인했다. 구례군민극단 '마 을', '맨땅에 펀드', 함양의 '카페 빈둥', 작은도서관 '책보따리', '간디유정란농장' 등 공간, 마을, 자립, 협동과 같은 주민들의 관 심사가 고스란히 드러났다. 이 인터뷰 시리즈는 1년 후 『시골생 활』이라는 책으로 정식 출판했다.

한편, 막연한 아이디어를 구체화하고 마을 주민과 자연스럽게 관계를 맺기 위해 각종 워크숍을 열었다. 마을 카페 토닥을 거점 으로 진행한 워크숍은 '공간', '여행', '매체', '예산', '적정기술'

등의 주제로 이어졌다. 그 과정에서 산내뿐 아니라 타 지역 주민, 단체들과 입체적인 관계망을 형성할 수 있었다. 지리산권에서 마을신문의 가능성을 알아보려다 전국 30여 개 마을신문 제작자 백여 명을 한자리에 모은 '전국마을신문 워크숍', 귀농 귀촌인의 생태적 주거 환경을 모색하면서 벌인 '적정기술 워크숍', 생태적이고 공정한 여행의 가능성을 타진해본 '생태여행 워크숍' 등이 그런 사례이다.

인터뷰와 워크숍, 이 두 가지 작업은 이후 지리산이음을 매개로 산내 주민들이 펼친 여러 활동에 영감을 주었다. 무엇보다 애초에 구상한 것처럼 마을에서 전국, 더 넓게는 세계를 연결할 수 있으리라는 자신감을 얻을 수 있었다.

마을과 마을, 마을과 세계를 연결하기 - 지리산이음

지역 조사 작업 이후, 3년에 걸친 인큐베이팅 기간 동안 지리산이음이 자체적으로 주력한 활동은 크게 기반 사업 안착과 운영 기반 마련으로 볼 수 있다. 우선 기반 사업은 '시골살이학교'와 '지리산포럼' 등 지리산이음이 정기적으로 주최하는 핵심 사업을 가리킨다.

시골살이학교는 도시를 벗어나 다른 삶을 살고자 하는 사람들에게 짧은 기간 동안 시골이라는 공간 및 관계망을 체험하게 해주는 프로그램이다. 봄, 가을 농번기에 일주일 정도 운영하는 시골살이학교에서 참여자들은 주민들이 직접 알려주는 농사와 시골살이의 면면을 마주한다.

귀농이나 귀촌을 결심하기에는 너무 무겁고, 여행 삼아 스쳐 지나기에는 너무 아쉬운 사람들이 적당한 거리에서 시골과 접속할 기회를 얻는다. 연 1, 2회에 회당 열두 명이 세 명의 강사와 함께 일주일을 보내니 규모도 그리 크지 않다. 그러나 참여자들은 기수별로 후속 모임도 하고, 다음 기수를 응원하기도 하면서 꾸준히 관계를 이어나간다. 1998년부터 실상사 귀농학교가 귀농 1세대를 이끌었다면, 지리산이음의 시골살이학교는 조금 더 간단하면서도 넓은 틀에서 도농의 접근을 시도한 셈이다.

지리산포럼은 사람들의 마음과 생각을 움직이는 이야기를 공유한다는 취지로 시작한 행사다. 가을 농번기가 끝날 무렵, 전국에서 모인 백여 명의 참가자들이 2박 3일 동안 산내면 인근에서 숙박하며 진행한다. 2015년 '세상을 보는 색다른 생각, 지리산에 모이고 잇다'를 주제로 첫 번째 포럼을 연 이래 해마다 행사를 지속하고 있다. 주제와 방식은 고정되어 있지 않지만 지역, 분야, 연령대를 넘나들며 서로 만나고 소통하는 데 중점을 둔다. 통계를 내보니 매해 포럼 참석자 중 절반은 한 번 와봤던 사람, 절반은 새로운 사람으로 구성된다고 한다. 늘 똑같은 사람이 오는 것도 아니고, 늘 다른 사람이 왔다 가버리는 것도 아니라는 이야기다. 여기서 이루어지는 만남의 가치를 지지하는 사람들이 구심점을 이루는 동시에 점차 확산하고 있다는 증거로 보인다. 포럼 기간에 병행하는 '지리산 어쿠스틱 음악회'는 참가자뿐 아니라 인근 주민들도 저렴한 비용으로 즐길 수 있도록 연다. 포럼은 마을과 세계를 연결한다는 지리산이음의 가치를 가장 넓은 범위에서 담아내는 그릇이다.

두 번째로, 운영 기반 마련은 조직의 행정적, 법적 형태를 갖추는 작업이다. 2016년, 3년에 걸친 인큐베이팅이 끝나는 시기에 맞춰 지리산이음은 법인화를 추진했다. 지리산권을 아우르는 문화 재단을 설립한다는 초기 취지를 실현하되, 재단이라는 형태에 얽매이기보다 조직의 현재와 미래에 가장 적절한 방식을 선택하고자 했다. 그 결과, 지리산이음은 공익 법인인 사회적협동조합으로 등록하며 본격적인 조직의 꼴을 갖췄다. 사회적협동조합은 비영리 공익 단체로서의 활동뿐만이 아니라 영리 활동을 병행해 장기적으로 재정 독립성을 유지할 수 있어, 재단 이외에 선택할 만한 좋은 대안이었다.

법적인 지위를 마련했으니 기존 자산도 차근차근 정리했다. 그동안 부득이하게 개인 사업 형태로 운영했던 마을 카페 토닥을 법인 사업으로 이전했다. 처음 마을 카페 토닥의 토지와 건물을 매입했던 김인숙, 조아신은 약속대로 자산을 지리산이음에 기부했고, 그 밖에 다양한 사람들의 후원과 노력으로 축적한 토닥의 자산도 모두 법인 소유로 옮겼다. 직원의 소속과 업무, 급여, 복지 체계도 정비했다. 초기에 많이 하던 교육 및 문화 기획 활동은 이제 지리산이음이 주도하고, 토닥은 카페로서의 역할에 더 집중하기로 방향을 잡았다.

이처럼 지리산이음이 때와 상황에 맞게 입체적으로 활동을 진행해온 지난 시간 동안 마을에는 누구나 생각해봄 직한, 그러나 선뜻 도전하지 못하던 다양한 실험이 꽃피었다. 그중에는 지속하며 성장하는 실험도 있고, 중단한 것도 있다. 주목할 점은 그 과정의 성공과 실패의 경험이 여러 가지 형태로 실험을 주도하고 참여한 마을 주민들의 기억과 몸에 고스란히 남아 확장되고 있다는 사실이다.

주민들의 소소한 일상을 공유하는 동시에 지역 사회의 담론을 변화시키고자 했던 '산내마을신문', 농부와 창작자의 생산품을 소비자와 연결하는 플랫폼인 '지리산에살래펀드', 생태적이고 공정한 여행의 모델을 만들고자 한 '지리산여행협동조합'. 이런 활동은 토닥 또는 이음을 매개로 했더라도 어디까지나 주민들의 자발적 활동으로 진행해왔다. 필요할 때 도움을 주고받을 수 있는 안전한 신뢰 관계 속에서, 서로가 적당한 거리를 유지하며 할 수 있는 일을 묵묵히 해나가는 경험을 했다. 지리산이음이 인적으로 또는 물적으로 관여했다고 하더라도 어느 것도 조직의 성과라고 주장하는 사람은 없다.

이처럼 성과를 하나의 그릇에 담으려 들지 않고, 일을 만들고 참여하는 사람들의 동기와 과정을 중시하는 태도가 그간 지리산이음이 지켜온 소중한 역량이다. 사람과 마을, 마을과 세계를 연결한다는 조직의 사명에 걸맞은 방식이기도 하다.

연결과 관계, 그리고 확장 - 지리산 작은변화지원센터

이렇게 산내면에서 활동의 기반을 쌓은 지리산이음은 애초 취지에 맞게 활동 범위를 지리산권 전반으로 넓히고자 했다. 함께 일할 사람을 찾고 지속적인 재정적 기반도 마련해야 했다.

이때 아름다운재단이 다시 한 번 지리산이음에 손을 내밀었다. 재단은 당시 지역 시민 사회를 활성화하여 공익의 저변을 넓힌다는 목적으로 수도권 및 대도시를 제외한 지역 곳곳에 거점 센터를 만들 계획을 갖고 있었다. 다소 모험적인 시도인 만큼, 일을 함께 진행할 믿을 만한 파트너가 꼭 필요했다. 재단은 인큐베이팅을 통해 신뢰를 쌓은 지리산이음에 첫 번째 센터 설립을 함께하자고 제안했다. 그 결과, 2018년 지리산 작은변화지원센터가 설립되었다.

이로써 지리산이음은 시범 사업으로서 지리산 작은변화지원센터를 공동 운영하며, 지리산권 5개 지역별로 활동하는 협력 파트너 5인과 함께 지역의 자원을 조사하고 주민들의 자발적 활동을 발굴, 지원하는 작업에 착수했다. 임현택이 센터장을 맡고, 마을 카페 토닥에서 함께 일하는 나비, 누리, 그리고 산내 청년 모임 '작은자유'에서 활동하던 하무가 책임 활동가로 합류했다. 이제 지리산이음은 활동 내용으로나 인적 구성으로나 새로운 역량을 실험하는 단계에 돌입했다.

조직 내 세대 확장뿐 아니라, 귀농 귀촌을 꿈꾸거나 지역에서 경제적 자립을 모색하는 사람들을 지원하기 위한 물리적 기반을 조성하는 것 또한 현재 지리산이음이 염두에 두고 있는 중요한 과제다. 공공 기금으로 토지를 확보해 건물을 짓거나 사회적 경제 활성화를 위한 기반을 마련하는 작업이다. 아직은 구상 수준에 머물러 있지만, 그동안 지리산이음이 벌여온 활동을 돌이켜보면 그리 먼 미래의 이야기는 아닐지도 모른다.

지리산이음

지리산권 사람들의 협동과 연대를 통한 사회적 경제 활성화와 시민 참여를 기반으로 한 자치 공동체 활동을 지원하는 사회적협동조합이다. 마을에서의 배움과 소통, 나눔의 문화를 확산하고, 지리산에서의 새로운 실험과 대안적 삶의 가치가 사회 곳곳으로 퍼져 나갈 수 있는 기반을 조성하기 위해 2013년 비영리 임의 단체로 출발, 3년 후인 2016년에 행정자치부 인가를 받아 사회적협동조합으로 설립했다.

해마다 '지리산 시골살이학교'와 '지리산포럼'을 개최하고, '지리산문화공간 토닥'을 운영하며, '지리산에살래', '산내마을신문' 등 마을 주민들의 다양한 자발적 활동을 지원한다.

- 전북 남원시 산내면 천왕봉로 785
- 063-635-9484
- http://jirisaneum.net

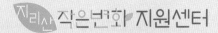

지리산 작은변화지원센터

지리산권의 공익 활동 지원을 통해 시민 사회의 성장과 지역 사회의 '작은변화'를 만드는 것을 사명으로 2018년 시범 운영을 시작했다. 이웃이 이웃을 돕는 자치와 협동의 공동체 확산을 목표로 지리산권 5개 지역(구례군, 남원시, 산청군, 하동군, 함양군) 활동가 5명이 협력 파트너로 참여한다. 지역 주민의 자발적 공익 활동을 지원하는 '작은변화 시나리오 지원사업', '작은강좌, 작은조사 지원사업' 등을 진행한다. 아름다운 재단이 지리산이음과 함께 운영한다.

- http://jirisaneum.net/center_home

'지리산문화공간 토닥'과 '지리산이음'이 걸어온 길

2012
- 비영리 임의 단체 '지리산문화공간' 설립
- '마을 카페 토닥', '청소년 공간 재미' 오픈

2013
- 게스트하우스 위탁 및 레지던스 프로그램 시작, 온라인쇼핑몰 '지리산토닥가게' 오픈
- 아름다운재단 변화의시나리오 인큐베이팅 지원사업에 '지리산커뮤니티 이음' 선정
- 비영리 임의 단체 '지리산이음' 설립
- 연속 특강 및 워크숍 프로그램 '마을학교 다락', 작은 음악회 등 개최

2014
- 지리산권 커뮤니티를 조사하기 위한 인터뷰 작업 시작
- '지리산 시골살이학교', 작은 음악회, 워크숍 등 개최

2015
- '지리산 시골살이학교', '지리산이음 포럼', '지리산 어쿠스틱 음악회' 개최
- 지리산권 커뮤니티 인터뷰 기록집 『시골생활』(정상순, 문학과지성사) 출간
- 지리산에살래와 함께 '지리산에살래펀드' 운영 시작
- 서울시청년허브와 함께 '서울X지리산 청년공존캠프' 개최

2016 • '지리산 시골살이학교' 및 심화 과정, '지리산이음 포럼', '지리산 어쿠스틱 음악회' 개최
• '지리산이음' 사회적협동조합 설립 인가(행정자치부)
• 숙박형 교육 공간 '지리산이음교육센터 자람' 운영 시작
• 문화기획달, 산토끼 등 마을 단체 및 동아리와 작은 음악회 개최

2017 • '지리산 시골살이학교', '지리산포럼', '지리산 어쿠스틱 음악회', '시골생활 컨퍼런스' 개최
• 서울시청년허브와 함께 '지리산 X 청년도서관' 개최, 삼선재단과 함께 '어쩌면 시골책방' 진행
• 사회적협동조합 지리산이음 지정기부금 단체 지정(기획재정부)
• '지리산문화공간 토닥'과 '지리산이음' 통합
• 개인 소유였던 '마을 카페 토닥'의 건물 및 토지를 지리산이음에 기부

2018 • 아름다운재단과 함께 '지리산 작은변화지원센터' 운영 시작
• '지리산 시골살이학교', '지리산포럼' 개최, '지리산문화공간 토닥' 소식지 발간
• 비전화공방서울, 삼선재단과 함께 '손과 손이 만나는 캠프' 개최
• 부산시민운동지원센터와 함께 공익 단체 활동가 쉼프로그램 '일시정지 프로그램' 개최

제1장

시작하는 마음

사상가 신영복은 "사람과 사람의 작은 만남이 모든 변화의 시작"이라고 했다.
세상은 머무르는 법이 없고 항상 어떤 식으로든 변하지만,
사람이 의지를 갖고 변화를 추구할 때는
시작 단계에서 갖추어야 할 조건이 있게 마련이다.
신영복의 말에 따르면 그것은 바로 또 다른 사람과의 만남이며,
서로를 만났기에 경험하는 특별한 마음의 울림이
변화의 힘을 길어 올리는 마중물이 된다.
나는 그 동네에서 일어난 일들의 시작 단계에
과연 어떤 사람들이 어떻게 서로를 만났는지부터 탐구해보기로 했다.

시골 사람 진심은 대체?

시골에서는 아무래도 고향이 중요하다는 말을 많이 들었다. 5년을 살고 10년을 살아도 "도시 것", "언제고 떠날 것" 취급을 받는다는 푸념도 종종 접했다. 그렇다면 이야기는 바로 거기서 출발해야 하지 않을까? 지리산이음이 그동안 산내에서 어떤 역할을 해왔는지 가늠하기 위해서, 나는 제일 먼저 동네에서 나고 자란 사람들을 만나보고 싶었다. 인구 2천 명 중에 5백 명이 귀농귀촌자라는데, 그렇다면 나머지 1,500명은 마을을 어떻게 바라보고 있는지 알고 싶었다.

"어려울걸?"

오관영이 말한다.

"왜요?"

"낯을 엄청 가리거든. 웬만해서 처음 보는 사람한테 미주알고주알 얘기 안 한다."

"그래도 일단 만나게 해줘봐요. 뭐든, 느낌이라도 받을 수 있겠죠."

그렇게 졸라서 만든 자리였다. 오관영은 두 사람을 소개해주
겠다고 했다. 면사무소 근처에서 철물점을 운영하고 있는 주상
용과 나무 그릇인 발우를 만드는 장인 정상길이다. 마을에서 젊
은 축에 속하는 둘은 귀농 귀촌자들과도 가까이 지내며 그동안
여러 가지 일을 함께 해왔다. 오관영은 이들과 종종 모여서 계절
음식을 먹는 습관이 있으니, 그 핑계로 집에서 저녁상을 차려보
겠다고 했다.

"그다음은 네가 알아서 해봐."

저녁 무렵, 시간 맞춰 집으로 갔다. 거실에는 육회에 육사시미,
선짓국, 소주가 한 상 마련되어 있었다. 잠시 후 자박자박 마당
자갈 밟는 소리가 나더니 문이 열린다.

"지난주에도 먹었고만, 뭘 또 먹자고 하소?"

스스럼없이 들어서던 한 남자가 나를 보더니 움찔, 동작을 멈
춘다. 정상길이다. 그 모습에 나도 놀랐다. '정말 아무 설명 없이
오라고만 했구나. 이제 어쩌지?'

다행히 온라인에 정상길의 목공 작업을 소개한 글이 몇 편 있
어 미리 정보를 수집해두긴 했다. 산내에서 나고 자란 정상길은
이십 대 후반 들어 목공을 처음 접했다. 제기 만드는 기술자들 틈
에서 함께 일하다가 점차 발우에 관심이 갔다. 발우는 주로 절에
서 식기로 사용하는 그릇이다. 어렵사리 스승을 찾아 배우고 홀
로 연마하는 사이에 정상길의 발우는 점차 장인의 경지에 다가
갔다. 보통 5합, 그러니까 다섯 겹 포개는 발우를 주로 생산하는

데, 15합을 넘어 25합까지 가면 작품으로 친다. 러시아의 전통 인형 마트료시카처럼 그릇 스물다섯 개를 차곡차곡 포개면 한 그릇 안에 다 담기는 거다. 그런데 정상길은 25합 이상을 깎는다. 나는 발우 깎는 과정을 찍은 영상을 보았다고, 진심으로 감탄했다고 말을 건넸다. 그러자 정상길은 내가 아니라 오관영을 슬쩍 보며 말을 꺼낸다.

"40합까지는 가보고 싶은디….”

"그게 정말 가능해?"

"뭐, 하는 데까지 해보는 거죠."

그러면서 둘은 공방에 관해 두런두런 이야기를 나누었다. 입다물고 듣던 나는 문득, 얼마 전 오관영이 선물한 나무 도마가 떠올랐다.

"아, 그러고 보니 그 도마를 나무 공방에서 만들었다고 했죠?"

"그렇지. 전문가니까 하나 만들어 달랬더니 굳이 공방에 와서 직접 만들라고 해서. 기름칠도 몇 번이나 가서 했잖아.”

"거, 뭐. 도마 그런 거는 워낙 유행하고 지나갔어요. 그래도 간단하니까 직접 만들어보면 좋지. 준비해주고 가르쳐주고 뭐 하면 귀찮은데, 참….”

그렇게 말하면서도 정상길은 사뭇 설레는 표정이었다. 생각해보면 그렇다. 자기 작업에 집중해야 할 장인에게 도마가 필요하다, 숟가락 깎고 싶다, 선반 하나 만들어달라, 그런 요구를 하는 것은 도리가 아닌 듯하다. 하지만 정상길은 이런 식으로 틈틈이 동네 사람들과 목공 수업을 해왔고 지금도 하고 있다. 사람들과 만나 어울리는 것을 좋아하지 않고서야 힘든 일이다. 특히나 도시에서 와서 가치관도 문화도 다른 사람들과 교류하는 건 만만치 않은 일이었을 것이다.

최근에는 동네 주민이나 여행자들이 2인 이상 신청하면 참여할 수 있는 체험 프로그램을 아예 상설화했다. 샤프, 만년필, 도마 같은 생활용품 제작 과정을 체험하고 결과물도 가져가는 이 프로그램의 참가 비용은 3만 원에서 6만 원 사이. 귀찮고 손 가는 데다 돈도 안 되는 일을 정성껏 하고 있는 거다. 그의 공방에서 목공 수업을 받은 지인은 염원하던 나무 실패를 여러 개 만들었다며 무척 기뻐했다. 나는 그가 말로는 하지 않아도, 어째서 이른바 "도시 것"들과 가까이 지내게 되었는지 어렴풋이 짐작할 수 있었다.

그때쯤, 밖에서 개 짖는 소리가 나더니 자동차가 한 대 들어왔다. 철물점 사장 주상용이다.

"어? 이게 뭔 모임이여? 내가 잘못 왔나?"

나를 보고 눈이 휘둥그레진 주상용의 말이다.

"응, 일단 좀 앉아봐. 예전에 같이 일하던 친군데 뭐 물어볼 게 많다네."

"물어볼게 뭐 있어. 나는 뭐, 이 사람들 하는 거 잘 모릅니다."

아무래도 오늘은 틀린 것 같다. 그냥 얼굴이나 본 걸로 만족하자 생각하며 술잔을 드는데, 오관영이 거들며 나선다.

"털신들 있잖아, 털신. 그 얘기 좀 해봐."

"털신"은 주상용이 외지에서 온 귀농자들을 부를 때 자주 쓰

목공 시연을 하는 정상길(2015년 서울×지리산 청년공존캠프)

는 말이라고 했다.

"아니, 그건 뭐 좋은 말도 아닌데…. 겨울에 추운 거야 당연하
잖아. 근데 언젠가부터 동네에 털신 신고 다니는 사람이 자꾸 눈
에 띄데? 보니까 다 귀농했다는 사람들이더라고. 대체 뭐 하고
사나 싶었는데, 요즘은 털신이 더 자주 보이는 것 같아."

20여 년 전, 생계를 위해 뭘 할까 고민하던 주상용은 동네에
서 작은 철물점을 열었다. 시골에 무슨 철물점이냐는 말을 들었
을 만큼 근방에서 그런 장사를 하는 이가 없었다. 하지만 그 시
기 동네에 가장 필요한 가게 중 하나가 바로 철물점이었다. 산내
에 귀농학교가 생기고 도시에 살던 사람들이 하나둘 동네로 들
어오면서 옛집을 고치거나 새집을 짓거나 할 일이 점차 늘었기
때문이다.

철물점을 운영하는 주상용

주상용에게 털신들은 어느 날 갑자기 동네에 밀고 들어온 낯선 존재이면서, 동시에 소중한 고객이기도 했을 것이다. 못 하나 박으려고, 수도 하나 고치려고 찾아오는 그들과 대화하고, 들여다보고, 도와주고 하다 보니 슬그머니 정이 들었을지도 모르겠다.

살 집을 구하는 사람도 많아서 이 집 저 집 사정을 잘 아는 주상용이 중간에서 연결해주는 일도 잦다. 그날도 마침 누가 집을 내놓았다고 여기저기 전화를 돌리고 있었다. 철물점에서 쓸 만한 자재가 생기면 동네 노인들 집 고쳐주는 '두꺼비 모임'에서 쓸까 싶어 챙겨놓는다. 달리 돈을 받는 것도 아닌데 그렇게 신경 쓰이는 일을 참 열심히도 하며 지낸다.

"보니까 나랑 동갑내기도 많더라고. 시골에서 젊은 사람들 많이 만나기가 어디 쉽나. 그렇게 지내다보니까 뭐…. 어느 날 이거 하겠다 저거 하겠다 할 때, 잘 몰라도 밀어주고 싶더라고요."

여태 내내 나와 눈을 마주치지 않던 그가 문득 고개를 들어 말했다.

"생태 보전 운동도 가만 보니 필요하다 싶고, 카페는 뭐가 될까 싶었지만 그래도 돈은 보태야지 했지. 좀 새로운 기운도 느껴지고, 동네에 좋은 일이라는 생각도 들고. 아이고, 요즘은 뭐 마음에 안 드는 것도 있고 하지만 어쩌겠어요. 계속 같이 살 건데."

투덜거리는 말투 사이사이에 묘하게 애정이 묻어났다.

주상용은 최근 마을 청년회장을 맡았다. 이 청년회는 도시에서 말하는 청년과는 연령대가 다르다. 가입 자격이 마을 청년회는 65세, 면 청년회는 55세까지다. 그러니 주상용이나 그 또래 귀농자들이나 모두들 젊은 축에 속한다. 이질적일 수 있는 기존 지역 공동체와 귀농자들 사이에서 청년회장이 할 일이 많을 것이다. 그 일에 관해 더 물어보려고 하는데, 갑자기 벌떡 일어선다. 집안 제사가 있다며 급히 나가는 바람에 모처럼 이어나가던 이야기가 뚝 끊겼다.

다시 정적이 흘렀다. 어색하게 술잔을 기울이며 앉아 있는데, 말없이 텔레비전을 바라보고 있던 정상길이 갑자기 외쳤다.

"아이고, 이제 됐네. 잘되었네."

목청을 높이지는 않았지만 울림이 있는 그 소리는 분명 외침이었다. 두 손을 모아 서너 번 박수를 치며 "아이고… 잘되었네. 또 바뀌지만 않으면" 하고 혼잣말을 반복했다. 마침 음식을 데우러 주방에 들어가 있던 오관영은 그 장면을 보지 못했다. 나는 무슨 일인가 싶어 텔레비전에 시선을 고정했다.

두꺼비 모임

산내면 독거노인을 포함하여 혼자서 집수리가 어려운 주민들을 대상으로 집을 고쳐주거나 집 주변 환경을 정비해주는 봉사 활동 모임이다. 두꺼비라는 이름은 "두껍아, 두껍아, 헌 집 줄게 새집 다오"로 시작하는 동요 가사에서 따왔다. 10~20명 사이의 삼십 대에서 오십 대 주민들이 매월 첫째 주 일요일 아침 일찍 모여서 집수리 봉사 활동을 하며, 재료비와 식사비 등은 회원들의 회비로 충당한다. 겨울철에는 구들방에 땔 나무를 쪼개서 나무하기 어려운 집들에 지원해주고 있다.

지리산공화국을 상상하다

_오관영

2018년 9월 18일 저녁 아홉 시가 좀 넘은 그 시각, 텔레비전에서는 정부가 "지속가능한 물 관리를 향한 첫걸음"을 발표했다는 뉴스가 나오고 있었다. 수십 년 동안 수자원 공급이라는 목표 아래 추진해온 댐 관련 정책의 패러다임을 건설에서 관리로 전환하고, 국가가 주도하는 대규모 댐 건설을 더는 하지 않겠다고 선언한 것이다. 이로써 전국 12곳에서 진행 중이던 댐 건설 계획이 사실상 백지화되었다. 지리산댐도 그중 하나다.

오래전부터 댐 반대 운동을 지지해온 마을 주민 정상길이 환호하며 박수를 치는 건 너무나 당연한 반응이었다. 그 마음은 기나긴 모색 끝에 산내로 귀촌한 오관영도 다르지 않았을 게다.

이튿날 아침, 나는 계획을 바꿔 오관영의 이야기부터 들어보기로 했다. '지리산이음' 활동 자료집에서 제일 눈에 걸리던 '지리산 공화국'이라는 단어부터 꺼내 들었다.

"공화국이라니, 그게 대체 뭐예요?"

"남이섬에서 나미나라 여권 발급하는 거 알지? 그거 재밌지 않아? 지역을 그런 식으로 묶어보고 싶다는 생각을 했어."

"그거야 관광지니까 그렇죠. 난 공화국이라는 단어가 영 무섭고 진부하게 느껴지는데요?"

"뭐, 네 말마따나 공화국이라는 표현은 좀 진부하긴 하지. 어쨌든 기본적으로는 권역을 묶어서 사고하자는 게 내 생각이었어. 지리산이 워낙 크잖아. 세 개 도에 속하는 다섯 개 군이 둘러싸고 있는 형태라 다들 점점이 존재하는데, 지리산둘레길이 이걸 선으로 연결해줬거든. 그럼 이제는 그 길 중간중간에 면을 이루고 있는 마을이나 사람들을 연결하면 좋겠다고 생각했어."

오관영은 생각하는 바를 그림으로 설명하기 좋아한다. 기획 단계에서부터 평면적인 개론이 아닌 입체적인 형상을 상정해 눈앞에 그려준다. 듣다 보면 솔깃해지긴 하는데, 하필 그 대화를 달리는 차 안에서 나눈 게 문제였다. 나는 그가 자꾸만 손을 핸들에서 떼어 허공에 휘젓는 게 영 신경 쓰였다. 그러거나 말거나, 오관영은 조근조근 말을 이어나갔다.

"산을 가운데 두고 자연스럽게 연결되어 있는 지역을 행정 구역으로 자꾸 떼서 사고하니까 문제가 발생하지 싶어. 댐 건설을 반대하든, 농산물 유통을 고민하든 이게 면 단위, 군 단위로 딱 잘라 해결할 수 있는 게 아니거든."

"그러니까, 하여간 댐이 문제였던 거군요?"

"뭐 그렇게도 볼 수 있지."

지리산 자락에 댐을 짓겠다는 구상은 20년 전인 1999년 겨울에 시작되었다. 정부가 낙동강 물 관리 종합 대책을 내놓으면서 경남 함양군 휴천면 용유담 부근에 높이 107미터, 길이 417미터에 총 저수량이 1억 2천만 톤에 달하는 댐을 짓겠다고 했다. 지역 주민뿐만 아니라 전국적으로도 논란이 일었다. 해당 지역은 국내 최초로 국립 공원으로 지정된 곳인 데다, 바로 아래에는 신라 시대 고찰 실상사가 자리 잡고 있기 때문이다.

실상사에서는 한 해 전인 1998년에 귀농학교를 열어 IMF 경제 위기 후 귀농 귀촌으로 대안을 모색하는 사람들을 불러 모으던 중이었다. 생태적이며 자급적인 삶을 꿈꾸며 전환을 모색하던 이들에게 댐 건설 소식은 청천벽력이나 다름없었을 것이다.

불교계, 그리고 막 활동을 시작한 지역의 시민 단체인 '지리산을 사랑하는 열린연대(현 지리산생명연대)'가 팔을 걷어붙이고 나섰다. 이듬해 전국적인 연대 단체를 꾸리고 토론회, 문화제 등 할 수 있는 다양한 활동을 펼치며 반대 운동을 전개했다. 그 힘을 모아 지리산생명연대를 창립했다. 2년 만에 계획은 일단 취소되었지만 싸움은 쉽게 갈무리되지 않았다. 이후로도 정부는 용수 확보니 홍수 조절이니 하며 끊임없이 댐 건설 카드를 만지작거렸고, 그때마다 주민들은 반대 운동에 나서야 했다.

낙동강 물 관리를 위해서도, 홍수 조절을 위해서도 댐이 필요하다는 정부의 주장은 합리적이지 않았다. 부산 경남 지역 수자원 확보 문제는 낙동강 수질을 개선하고 누수되는 상수도 설비에 투자하는 것만으로도 충분히 해결할 수 있었다. 홍수 피해 예상 지역이라고 하는 함양 지역은 굳이 댐이 아니라도 강폭을 넓

'지리산이음'의 이사진(왼쪽에서 두 번째가 오관영)

히고 제방을 보강해 대비책을 마련할 수 있었다. 그러나 이 같은 반론에도, 지방자치단체장이 바뀔 때나 정부 정책이 바뀔 때마다 댐 건설 사업은 계속 거론되었다. 개발에 찬성하는 주민들의 여론도 만만찮았다. 지리산 일대에서는 댐뿐 아니라 케이블카니 도로 확장이니 환경 훼손 사업이 끊이지 않았다.

그 지루한 힘겨루기가 10년 가까이 지속된 2008년 어느 날, 서울에서 시민운동을 하던 오관영은 지리산생명연대 활동가 한 명과 마주 앉았다. 오관영은 이전부터 실상사를 중심으로 한 귀농 운동의 흐름을 알고 있었고, 지리산권에서 벌어지는 각종 개발 사업의 문제와 그것을 막기 위한 주민들의 활동에 관해서도 꾸준히 전해 듣고 지지해왔다. 2005년에는 지리산생명연대와 함께 '지리산 희망씨앗'이라는 주민교육 프로그램에 참여하면서 산내에 자주 오가기도 했다.

"그 활동가가 나를 보자더니만 펑펑 우는 거야. 내가 그런 데 약하잖아. 자기 도저히 못하겠대. 너무 힘들다고. 자기도 지리산 왔을 땐 이런 거 안 하고, 그러니까 뭐 반대하는 거 안 하고 내 먹을 거 내가 키우면서, 하고 싶은 일 하면서 우아하게 살고 싶었는데 만날 댐 반대니 케이블카 반대니, 이런 거 더 못하겠다는 거야. 에너지가 소진되었다고, 마음이 힘들어져서 몸도 힘들고. 자기 이러면 쓰러질 거 같다는 거야. '선배 내가 이대로 쓰러져서 지리산을 떠나면 좋겠냐'고 협박을 하더라고."

"그래서 뭐라고 하셨어요?"

"아이고야, 알았어, 알았어, 그랬지. 그리고 어떻게 해주면 좋겠냐고 물어봤지."

오관영은 그렇게 지리산생명연대 운영 위원을 맡았다. 전국 각 지역에서 벌어지는 다양한 활동에 관심을 갖고 꾸준히 활동가들을 만나고 있었지만, 구체적인 지역의 상황을 이해하는 데는 아무래도 한계가 있었다. 방법은 최대한 자주 만나는 것뿐이었다. 다달이 여는 운영 위원회에 꼬박꼬박 참석하며 지리산 지역에 관해 점점 더 깊이 고민했다. 그 고민은 몇 년 뒤 단체를 그만둘 즈음 지리산 귀촌을 선택하는 계기로 발전했다.

"끝난 뒤 뭘 할까 내내 고민했거든. 시민운동가들의 미래라는 게, 한 시기를 열심히 달리고 마무리한 뒤에 하는 선택이 꼭 정치권이라든지, 학계라든지, 어디 기관장을 한다든지 그런 식이어야만 할까…. 다른 길도 있다는 걸 확인하고 보여주고 싶었어. 생명연대를 같이 하면서 지역에서 필요한, 내가 할 역할이 있겠다고 생각해서 내려오기로 했지."

"그럼 은퇴하고 내려온 게 아니라 계속 운동을 하고 있는 건가요?"

"그렇지. 내가 농사를 짓겠어, 뭘 하겠어? 그때 오십 살이었으니까 앞으로 10년 정도는 여기서 활동하고 육십 되면 은퇴해야지 생각했어. 이제 얼마 안 남았어."

오래전, 대학 때부터 공장 생활을 했던 오관영이 노동 운동에 한창 매진하던 시기였다. 하루는 평소 자신과 동료들을 적극 지지해주던 민중교회 목사로부터 충격적인 이야기를 들었다. 이제 노동자보다 더 어려운 사람들을 돕겠다고 선언한 것이다. 더 어려운 사람들이라니? 의아해하는 그에게 목사는 설명했다. 교회에 집 나온 청소년들이 자고 가는 것을 보면서 이 청소년들을 도와야겠다고 생각했다고. 또 3D 업종을 중심으로 이주 노동자가 계속 늘어나고 있는데, 임금 등 노동 환경은 조직되어 있는 한국의 노동자보다 더 열악하다며 그들을 돕는 일을 하겠다고 했다.

『전태일 평전』을 읽고 노동자의 친구가 되겠다고 생각하고 노동자 중심의 혁명을 꿈꿨던 오관영은, 조직된 노동자는 더 이상 우리 사회의 약자가 아니라는 것과 노동 운동만으로는 해결할 수 없는 문제가 너무 많다는 것에 충격을 받았다.

마침 1995년 11월에 민주노총이 출범하면서 노동 현장에서 성장해온 간부들이 민주노총의 지도부를 구성하고 본격적인 활동을 시작했다. 학생 출신 활동가였던 오관영은 더 이상 밖에서 그들을 지원하는 방식의 활동은 필요하지 않다고 판단했다.

이후 지역 운동과 시민운동으로 영역을 전환하면서, 무엇을 하든 하나의 대안이나 경직된 조직관에 매몰되지 않으려 애썼다. 서울과 중앙에 매몰된 시민운동을 벗어나 풀뿌리 운동과 지역에서의 삶으로 전환하려 한 것도 그런 마음 때문이었다.

본격적으로 귀촌을 준비하던 2012년, 오관영은 지리산권에서 자신이 할 수 있는 일의 내용을 정리해봤다. 국가 정책에 반대만 하는 듯 보이는 수세적 입장을 벗어나 근본적으로 지역의 생태를 지킬 수 있는 방법이 뭘까? 지리산권을 넓게 하나로 묶는다는 생각이 거기서 나왔다.

지리산권은 장대한 산과 골짜기를 가운데 두고 경상도와 전라남북도 3개 도에 남원시, 구례군, 하동군, 산청군, 함양군 등 다섯 개 시군이 둘러싸고 있는 드넓은 지역이다. 기존의 행정 체계가 수계, 그러니까 물줄기를 따라 형성된 전통적인 마을 단위에 근거하기 때문이다. 동쪽으로는 낙동강 지류인 남강, 서남쪽으로는 섬진강을 따라 생활권이 설정되어 있다. 댐을 짓든 도로를 놓든 지역의 정책을 통합적으로 검토할 수 없는 것이다. 오관영은 이것을 풀어야 한다고 생각했다.

제주특별자치도나 세종특별자치시처럼, 지리산권특별자치도를 만들면 안 될까? 꼭 행정적으로 접근하지 않아도 지역 주민들의 소통과 교류를 통해 기회를 만들어볼 수 있지 않을까? 그런 생각을 자극한 것은 바로 그 시기에 전체 구간을 개통한 지리산 둘레길이었다. 지리산을 물줄기가 아니라 길을 통해 연결할 가능성이 열린 것이다. 이 일을 진행한 사단법인 숲길은 다름 아닌 지리산생명연대 부설 기구로 출발했다.

오관영이 말했듯, 지리산둘레길은 이전에는 점으로만 존재하던 지리산권의 수많은 마을을 선으로 연결했다. 그러나 길은 그저 스쳐 지나가기만 하는 통로에 머물 수도 있다. 이제는 각 마을을 면으로 보고, 마을을 형성하는 공간과 사람들이 드러날 수 있도록 면과 면이 만나는 방법을 고민할 시기다. 점, 선, 면을 아우르는 입체적인 시선으로 지역을 바라보는 것이다. 그렇게 이어진 지역을 오관영은 공화국이라는 개념으로 표현했다. 그 핵심은 자립과 협동을 기반으로 하는 자치다.

사는 사람들, 그러니까 지리산권 주민들이 스스로 말하고 토론하고 합의하면서 지리산이 어떤 곳이어야 하는지 그려나갈 수 있다면, 댐이나 케이블카처럼 행정과 건설 산업의 일시적 필요에 휘둘리지 않아도 될 것이다. 개발을 원하는 주민이라도 정말 무엇 때문에 개발이 필요하다고 생각하는지, 실제 개발이 그 욕구를 채워줄 수 있을 것인지 숙고할 수 있다면, 다른 길이 열릴지도 모를 일이다.

귀촌을 준비하며 또 하나 중요하게 고민한 것은 시골에서 먹고사는 문제였다. 그것은 개인적인 고민이라기보다는 지역 경제에 관한 전망이었다. 개인이 돌파구를 찾는 것보다 사회를 바꿔 함께 대안을 누리기를 기대하는, 뼛속까지 운동가다운 사고다. 그런 면에서는 참 변하지 않는 모습이 좋기도 하고 한편으로는 어이없기도 하다.

지방자치제도를 시작한 후 각 지역에서 가장 심혈을 기울여온 정책 중 하나가 산업 기반으로서 기업과 공장을 유치하는 것이었다. 생산에 필요한 부지와 기반 시설을 지원해 세수와 일자리를 확보하려는 목적이었다. 오관영이 보기에 그 방식은 이미 실패했다. 기업은 들어오지 않고, 오더라도 지역 내 선순환에 도움을 주기보다는 자원을 외부로 가져가고 생태 환경을 파괴하는 경우가 허다했다. 10년 가까이 예산 감시 운동을 하면서 무수히 봐온 행태였다.

"내가 예산을 다루고 보고 하지만, 여기 기업이 있겠어, 뭐가 있겠어, 이 시골에? 흔히 생각하듯 시장을 형성해서 뭔가 하기에는 대단히 어려운 구조거든. 지방자치단체들은 계속 기업 유치해서 일자리 만들겠다고 얘기하는데, 그건 이미 실패했다고 봐. 기업들 안 오거든. 그걸 할 수 있는 건 결국 공공 아니면 사회적 경제라고 생각해. 그런데 공공 부문은 우리 뜻대로 할 수 없잖아. 중간 지원 조직도 있지만 그건 정해진 틀 안에서만 움직일 수 있는 거고. 반면에 사회적 경제는 그래도 우리 의지 가지고 해볼 수 있는 거니까. 협동이라는 관계로 자기 문제를 풀어나가는 조직들 말이야. 형식이 뭐 어떻든 간에. 모임이든 뭐든 만들어볼 수 있지 않을까, 그런 생각을 했어."

마침 그 시기에 마을에서는 이전과 다른 방식의 경제적 실험이 하나둘 시작되고 있었다. 특히 마을 카페 토닥은 훌륭한 사례였다. 개인이 목돈을 내고, 마을뿐 아니라 전국 각지에서 소액 투자자를 모집해 만든 토닥은 처음부터 영리를 추구하기보다는 마

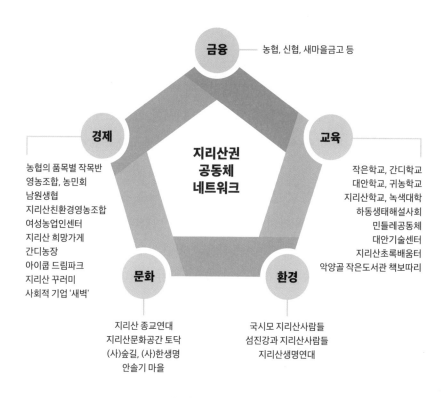

지리산권공동체네트워크 구상
(오관영, '지리산권 협동조합 네트워크 구축방안', 모심과살림 연구사업, 2012년)

을 사랑방이나 문화공간으로서 역할을 하는 동시에 두세 명의 지역 주민에게 안정적인 일자리를 제공하는 것을 목표로 했다. 사회적 경제를 시도할 수 있는 구체적인 사업과 조직을 주민의 힘으로 직접 마련한 것이다. 장기적으로는 토닥이라는 물리적 공간을 개인이 아닌 공공의 자산으로 만들기로 했다.

오관영은 이런 작업이 지리산권에서 계속 생겨나야 한다고 보았다. 농사를 짓거나 짓지 않거나, 지역을 찾아오는 사람들이 안정적이고 지속적으로 뿌리내릴 수 있도록 보장하는 기반 시설을 마련하는 일 말이다. 토닥처럼 개인들이 내놓는 기금만이 아니라 국가나 지자체가 재원을 확보하는 데 나서야 한다고 생각했다. 지역에 살면서 그런 제도적 변화가 생기는 데 일조하고 싶었다.

이런 생각을 가지고, 오관영은 2012년 8월 산내면에 거처를 마련해 내려왔다. 이미 시작한 마을 카페 토닥을 포함해, 마을에서 할 수 있는 여러 가지 일들이 계속 눈에 띄었다. 그 생각에 가지를 치고 양분을 더해주는 동료들과 자연스레 결합했다. 지리산이음은 그 결합을 현실로 보여주는 증거가 되었다.

"지역을 크게 묶어보는 것, 사회적 경제로 일자리를 만들어내는 것, 지방 정부에서 행정적으로 지원 기반을 만드는 것. 그런 것을 이 지역에서 내가 해야 할 일의 목록으로 생각을 했지. 공화국 얘기가 그냥 나온 게 아니라, 지리산권을 하나의 자치 단위로 보면 접근이 달라질 거라고 봐. 주민들이 모여서 헌법 만드는 것부터 하는 거지. 어떻게 경제활동을 하고 정치활동을 할지 논의하면서 길을 만들 수 있지 않겠어?"

"결국 또 공화국이네요. 그 얘길 사람들이 좋아해요?"

"그럼. 그때 적극 동의해준 게 조아신이었어. '재미난 아이디어인거 같아요. 신촌공화국이라는 것도 하던데요?' 하면서. 현택이는 어떤지 모르겠네."

"딱히 합의를 본 건 아니었군요?"

"지리산이음을 시작할 때 한 얘기니까. 합의는 모르겠지만 딱

히 아니라고 한 사람도 없었어. 뭐, 어쨌든 그건 내 생각이고, 앞
으로 계속 해나갈 사람들의 판단이 중요하겠지. 말했잖아. 난 이
제 몇 년 안 남았어."

그렇다면 이제 조아신과 임현택의 이야기를 들을 차례다.

1998년 시작한 불교귀농학교를 비롯해 숙박형 귀농전문학교, 대안학교, 생협 운동 등 다양한 다양한 공동체 활동을 펼치고 있는 단체다.

2001년 '조화로운 삶, 더불어 사는 지역공동체, 생명을 살리는 농업'을 기치로 실상사가 자리 잡고 있는 남원시 산내면을 인드라망생명공동체의 제1실현지로 삼고 (사)한생명을 창립했다. 한생명은 산내면에서 실상사와 함께 대안학교, 여성농업인센터, 어린이집, 친환경 매장, 농장, 귀농전문학교 등의 사업을 펼쳐오고 있다.

인드라망생명공동체가 걸어온 길

1998년 3월 불교귀농학교 개설, 9월 장기귀농학교 개설(이후 실상사 귀농학교로 개칭)

1999년 9월 인드라망생명공동체 창립

2000년 6월 지역 방과 후 학교 시작

2001년 3월 실상사 작은학교 중등과정 개교, 8월 사단법인 한생명 창립

2002년 6월 실상사 작목반 창립

2003년 8월 지리산 평화결사 발족

2004년 7월 한생명 산내들 어린이집 개원

2006년 3월 현장귀농학교 개설

2014년 3월 생명평화대학 개설

2018년 11월 창립 20주년 행사 개최

1990년대 말, 정부는 물 관리 사업의 일환이라며 지리산댐 건설 계획을 발표했다. 귀농 및 생태 운동의 흐름 속에서 지리산에 모여든 사람들은 이런 대규모 개발 계획을 받아들일 수 없었다. 불교계, 환경 운동 단체, 주민들이 반대 운동을 벌여 계획을 취소시켰으나 이후 줄기차게 재추진 시도가 나타났고, 반대 운동도 장기화되었다. 2001년 지리산댐이 정부 댐 건설 계획에서 제외된 후 댐 반대 운동의 성과를 이어받아 2002년 지리산생명연대가 창립했다. 이후 지리산생명연대는 계속되는 지리산댐 건설 재추진에 맞서 반대 운동을 지속해왔고, 결국 20년 만인 2018년 정부가 전면적인 댐 건설 계획 폐기를 선언했다.

지리산댐 반대 운동 연혁

1999년 8월 '지리산을 사랑하는 열린연대' 창립

  12월 정부 '낙동강 물 관리 종합 대책' 정부 확정안에 지리산댐 건설 계획 등장

2000년 지리산댐 반대 운동 확산. 지리산 살리기 토론회, 지리산 문화제 등 개최

2001년 정부 댐 건설 장기 계획에서 지리산댐 제외

2002년 댐 반대 운동 단체를 통합해 '지리산생명연대' 창립

2002년 함양군수가 지리산댐 건설 재추진

2003년 지리산생명평화결사 추진위 발족

2007년 사단법인 숲길 창립(지리산둘레길 사업 시작)

2007년 정부 댐 건설 장기 계획 변경(안)에서 신규 후보지로 지리산댐 명시

2011년 남강댐 사업 타당성 조사 결과 용수 확보용 지리산댐은 경제성이 없는 것으로 드러남

2012년 정부 댐 건설 장기 계획에서 홍수 조절용으로 지리산댐 포함

2012년 지리산둘레길 완전 개통

2018년 9월 18일, 정부에서 '지속가능한 물 관리를 위한 첫걸음' 로드맵 발표, 댐 건설 장기 계획상 12개 댐 건설 계획 백지화, 국가 주도 대규모 댐 건설 중단키로 함

관계를 기반으로 작게, 새롭게 시도하기

_조아신

만약 당신이 대여섯 해를 한 직장에서 일했고, 심지어 같은 팀이었고, 이후로도 꾸준히 왕래하며 서로의 삶을 들여다보고 지지해온 사람이 있다면, 그에게서 어떤 새로운 이야기를 기대할 수 있을까? 조아신과 마주 앉을 때 내가 딱 그랬다. 그럴 때 가장 꺼내기 좋은 화제는 역시 공통의 지인을 향한 애정 어린 불평이다.

"오관영을 만났는데 공화국 얘기 한참 하더라고요."

"공화국? 아휴, 그건 처음 기획안 쓸 때 하던 얘긴데. 거창하게 그림 그리는 거 너무 좋아한다니까."

"그땐 조아신도 되게 재밌어했다던데요?"

"지리산권을 크게 아우른다는 건 좋다고 생각했지. 그래도 공화국은 좀 부담스럽잖아. 가만 보면 큰 그림 그리는 거 너무 좋아해."

"명색이 단체 대표인데, 서로 쓰는 용어는 좀 맞추는 게 좋지 않아요?"

"글쎄, 그런 걸 꼭 맞춰야 할 필요가 있나?"

역시 그랬다. 오관영, 임현택, 조아신. 단체 공동 창립자인 세 사람이 같은 이야기를 하는데도 미묘하게 차이가 느껴지던 이유를 찾았다. 처음부터 그들은 하나의 그림을 그릴 생각을 하지 않았던 거다.

산내에서 여러 활동을 기획한 조아신

"보통 일을 같이 하려면 이걸 하자, 넌 이걸 하고 난 이걸 하고, 그런 합의를 하게 되잖아? 이음의 세 사람은 그런 과정이 없었어. 그냥 적당히 어우러져 같이 하는데, 그게 재밌다고 생각해. 약간 달라도 맞춰가면 된다고 생각하는 편이랄까?"

"그게 생각만큼 그렇게 간단한 일이 아니라는 건 경험으로 알 텐데…."

"셋의 생각, 조직과 일에 관한 상도 서로 다를 수 있어. 그래도 느낌은 있지. 저 사람이 하는 게 굉장히 어긋나는 방향은 아니라는. 만약 결정적 순간에 결정적 차이가 나타난다면 그런 문제는 반드시 논의를 해야 할 거고, 그때는 대화를 통해 상대든 나든 바꿀 수 있다고 생각해. 세 사람은 그게 좀 가능한 관계랄까."

"그렇다 쳐도, 앞으로도 계속 그 방식으로 할 수 있을까요?"

"그렇지는 않겠지. 그동안 계획을 세울 때도 조직의 사명이니 비전이니 그런 걸 딱 정하기보다는 큰 방향만 맞춰왔다면, 지금은 새로운 사람들이 들어왔으니 함께 정돈하는 작업을 해야지.

일단 말은 꺼내놓은 상태야. '이음은 이런 곳이고, 이렇게 해야
한다'고 말하기보다는, 그동안 해온 것을 잘 정리해서 보여주면
서 이후 계획은 같이 만들어야 한다고 생각해."

가만 보면 조아신은 항상 그랬다. 막연하게 툭 던지는 것 같아
도 돌아보면 일이 생기고, 돌아가고, 어느 틈에 사람들이 모여든
다. 나는 이참에 그 메커니즘의 근원을 알아보고 싶어졌다. 그러
다 보니 이야기가 아주 어린 시절까지 거슬러 올라갔다. 정말로
새로운, 전혀 처음 듣는 이야기가 줄줄 이어졌다.

"자존감이 되게 낮았어. 외로움도 많이 탔고."

열두 살 무렵 이야기다. 집이 꽤 시골이라 초등학교 고학년 때
부터 도시에서 유학생활을 했다. 고등학교를 다니던 누나와 둘
이 살았으니 아무래도 혼자 있는 시간이 많았다. 새벽 여섯 시,
등교하는 누나를 따라 나오면 학교에는 아무도 없었다.

그저 심심풀이 삼아 신문을 읽었다. 등굣길에 아무 집 앞에 놓
인 신문을 집어 와서 이해가 되든 안 되든 읽어 내려갔다. 1980년
대 후반이라 사회면에 집회나 노동자 투쟁 관련 기사가 많았다.
나중에는 사서 읽었지만, 중학교를 지나 고등학교까지도 신문은
계속 봤다. 수업 시간에 앞에 나오라고만 해도 얼굴이 붉어질 정
도로 내향적인 성격이었으니, 보고 느낀 것을 나서서 말하지는 않
아도 마음에 차곡차곡 쌓였다. 고등학교 2학년 때 전교조 해직 사
태가 터지면서 처음으로 불의에 항거하는 경험을 했다.

1989년, 민주화항쟁 2년 만에 전국교직원노동조합이 결성되

었다. 정부는 이를 불법으로 규정해 즉시 탄압했고, 가입 교사 중 1,500여 명이 해직을 당했다. 평소 존경하던 교사가 학교에서 쫓겨나는 걸 본 충격은 컸다. 독서 토론회 친구들과 이야기를 나누고 집회에도 나갔다. 대학에 가서도 이런 행동을 해야겠다는 생각을 자연스레 품었다.

"대학은 왜 갔어요?"

"가야 하니까 갔지. 부모님이 좋은 대학 가라고 어릴 때부터 유학을 보내줬으니까. 먹고사는 것도 걱정이었어. 내가 어디 가서 스스로 월급 받고 조직생활을 할 수 있을까 싶어서. 경영학과에 가면 나중에 어디든 회사에 들어갈 수 있겠지 생각했어."

미래에 대한 불안과 사회 운동에 대한 관심. 대학에 입학한 조아신은 이 두 가지 갈래에서 서성였다. 당시 과에서 운영하는 학회가 학생 운동을 접하는 통로였는데, 거기에는 가입하지 않고 집회가 있으면 혼자 나가서 뒤에 서 있곤 했다. 선배들에게 지도받고 하라는 대로 따르는 게 어쩐지 내키지 않았다. 모여서 집회 나가고 술 마시고 하는 게 최선이라는 듯한 분위기가 불편했다.

공강 시간에는 도서관에 갔다. 칸막이 있는 곳 말고 책이 가득 꽂힌 서가에서 주로 시간을 보냈다.

"선배들이 눈여겨봤는지 1학년 끝 무렵에 학생회 학술부장 해보지 않겠냐 하더라고. 그래서 2학년 때는 학술부장 하면서 학회를 하나 따로 만들었어. '경영경제문제연구회'라고. 그때부터인 것 같아. 기존에 하던 대로 하기보다 뭔가 새롭게 하는 걸 좋아한 게."

신입 회원을 모집할 때는 게시판에 대자보를 붙이는 대신 도서관 화장실에 쪽지를 붙였다. 공부는 선배들 하던 대로 마르크 스주의 고전만 읽지 않고 재벌 문제나 경제 문제 칼럼을 찾아 읽었다. 전형적인 커리큘럼을 짜서 학습시키는 대신 공개 특강이나 강연회를 기획했다. 그사이 학생 운동은 급격히 힘을 잃고 있었다. 그동안 학생회에 영향력을 끼치던 정치 조직을 어떻게든 유지하기 위해 출마하라는 선배들의 요구를 거부하고 뒤늦게 군에 입대했다.

복학 후 취직을 준비하는데 쉽지 않았다. IMF 직후라 금융권이나 대기업, 건설 토건 관련 업종에 강한 회의감을 갖고 있었다. 그밖에 다른 업종은 영업 부문이 아니면 취직이 어려웠다. 그러다 우연히 PC통신에서 한 시민단체의 채용 공고를 봤다. '경제정의실천시민연합(경실련)'에서 정책실 간사를 뽑는다는 소식이었다.

"전공도 그렇고 학회 활동도 그쪽이라 경제 분야에는 늘 관심이 있었는데, 정책실이라니까 멋져 보이더라고. 그동안 내가 본 운동 조직에는 선전이나 투쟁국 그런 것밖에 없었거든."

그렇게 경실련 정책실 간사로 시민운동을 시작했다. 당시 경실련의 영향력은 대단했다. 성명서를 내고 토론회를 열면 제도나 법안이 바뀌는 걸 눈앞에서 봤다. 아주 어릴 때부터 신문이나 라디오를 들으며 어떤 의제가 사회적으로 중요하게 다루어지는지 알아보는 감이 있기도 했다. 다만, 지나치게 관료적이고 권위적인 조직 문화가 문제였다. 조직 내 불합리한 문제에 항의하다가 상근 1년 만에 사표를 쓰고 뛰쳐나왔다. 앞서거니 뒤서거니 함께 나온 동료들과 기존의 문제를 극복할 수 있는 새로운 단체를 만들기로 했는데, 그때 결합한 동료 중에 오관영이 있었다. 둘을 포함해 열댓 명의 활동가들이 주도해 만든 그 단체가 '함께하는 시민행동'이다.

"처음엔 재밌었지. 인터넷 뒤져서 웹사이트도 직접 만들고, 아이디어가 생기면 바로바로 실험해볼 수 있었어. 프라이버시 문제를 제기하고, '세계시민운동정보채널'이나 '번역으로세상바꾸기' 같은 온라인채널 운영하면서 호응도 많았고. 그런데 조직을 운영하는 일은 그렇지가 않더라고. 기획실 맡은 뒤로 나름 계획도 세우고 이것저것 해봤지만, 조직을 바꾸는 일은 혼자 아이디어만으로 할 수 있는 게 아니라서…."

그 무렵, 다음세대재단에서 손을 내밀었다. 재단은 IT 기술과 미디어를 바탕으로 비영리 부문을 지원하는 활동을 준비하고 있었고, 조아신에게 기획을 맡기기 원했다. 지난 몇 년 동안 단체 내에서 자원이나 기술이 부족해 하지 못하던 여러 가지 일을 실현해볼 기회였다. 마침 포털 다음이 본사 제주 이전 프로젝트를 진행 중이어서, 조아신이 참여한 재단의 IT팀도 2년 동안 서울에 있다가 제주로 사무실을 옮겼다. 산내에 살던 가족도 다 함께 갔다. 그 덕에 다양한 분야의 사람들과 협업하고, 다르게 일하는 방식을 익힐 수 있었다. 무엇보다 인상적인 건 공간의 변화가 미치는 영향이었다.

2000년대 중반, 구글을 비롯한 실리콘밸리의 유망한 기업들은 사무 공간을 혁신하는 데 주력했다. 기존의 위계적이고 수직적인 조직문화를 바꾸는 데 공간의 형태나 분위기도 영향을 미친다고 보았기 때문이다. 업무에 집중할 수 있는 개인 공간, 여럿이 함께 일하기에 적합한 협업 공간, 휴식과 재충전에 적합한 공간으로 기존 사무실을 재편하고, 새로운 회의 및 의사결정 방식, 재택 또는 원거리 근무를 지원, 장려하는 시스템 등을 마련하는 것이 화두였다.

제주의 다음 사옥은 바로 그런 분위기 속에서 조성되고 있었다. 오래전부터 재택 및 원거리 근무가 몸에 밴 조아신에게도 이렇게 본격적인 공간 재편은 신선한 경험으로 다가왔다. 이것이 단지 일터에만 해당하는 변화일까, IT 업계만 아니라 시민단체나 지역 공동체에서도 이런 작업을 하면 어떨까 상상했다. 그 상상을 실현할 기회가 머지않아 생겼다.

"'제주참여환경연대' 활동가들과 종종 만났어. 제주에 머무는 동안 지역 시민단체 한 곳 정도에서 자원봉사를 하고 싶었거든. 단체에 찾아가서 자원봉사로 하되 뭐든 직접 맡아서 책임질 만한 일을 하고 싶다니까 '교육문화팀장'을 맡겨줬어. 그 단체 사무실 옆에 회의실이 있었는데, 자료 쌓여 있고 케케묵은 그런 공간이었어. 거길 좀 바꿔보면 어떨까 싶어 제안을 했지. 이사진 중 한 명을 설득해서 천만 원만 모아달라고 했는데 진짜로 모아주더라고."

"남의 단체에 그렇게 일을 벌이는 게 부담스럽지 않았어요?"

"직책을 맡았으니 남의 단체는 아니었지. 그리고 아주 잘할 자신은 아니라도 최소한 망하지는 않을 자신이 있었어. 아이디어가 떠오르면 무작정 시도하는 게 아니라 관련 정보를 많이 찾아보고 주위의 조언도 받아서 내놓는 편이니까. 물론 안 되는 것도 있지만, 그러면 또 바꿔보고 하면서 만들어가는 경험은 있는 상태였거든."

그 공간은 얼마 후 '교육문화카페 자람'이라는 이름으로 재탄생했다. 회원과 주민들이 편하게 드나들 수 있고 모임이나 강연도 열리는 문화공간으로서 서서히 자리 잡았다. 공간이 바뀌면 실제로 활동이 바뀌고, 새로운 문화가 형성된다는 걸 확인했다. 그것이 2012년 재단 일을 그만두고 산내로 돌아가면서 동네에 공간을 만들자고 생각한 계기가 되었다.

오래 알고 지냈던 동네 주민 김인숙이 마중물을 부어주었고, 마침 이주해온 임현택을 포함해 많은 이웃이 기획에 동참했다. 무엇보다, 귀농 운동 10여 년 사이 마을에 새로운 공간에 대한 욕구가 있으리라는 예상이 맞아떨어졌다. 지리산문화공간 토닥은 예상보다 빠른 시일 내에 이전까지 마을에 없던, 그러나 꼭 필요한 공간으로 자리 잡았다.

지리산권 조사 작업을 통해 접한 지리산닷컴의 맨땅에펀드를 산내 지역에 맞는 형태로 만든 지리산에살래펀드, 전 세계 기업인이 스위스의 한 마을에 모여 벌이는 세계경제포럼을 본떠 비영리 기반으로 변형한 지리산포럼 같은 기획도 연달아 나왔다.

"예전처럼 어떤 가치나 방향을 제시하면서 주장하고 이끄는 방식은 그만했으면 했어. 사람들이 뭘 원하는지 파악하고, 스스로 주도해나갈 수 있게 도와주는 역할, 그런 걸 하고 싶더라고. 토닥은 산내를 중심으로 시도한 작업이었고, 해보니까 마을마다 이런 움직임이 많아지면 활력이 되겠다 느꼈어. 그래서 좀 오만

할 수도 있지만 다른 지역에도 확산해보자 생각한 게 '지리산이음'으로 연결되었어."

"공간을 만드는 것도 그렇지만, 모임을 한다든가 워크숍을 한다든가, 펀드 같은 사업을 벌인다든가, 여러 가지 활동을 하면서도 세 사람이 직접 드러난 적은 별로 없는 것 같아요. 그것도 낯가림 때문인가?"

"성향이 좀 그렇긴 하지. 나도 그렇지만 현택은 특히, 앞에 나서기보다는 사람들을 도와주고 뭔가 해내는 걸 보면서 보람을 느껴. 농사 도와달라, 물건 팔아달라, 앰프 설치해달라, 그런 부탁들 받을 때 하찮게 여기지 않아. 풀뿌리 운동 스타일이라고 해야 할까? 그런 성향이 서로 잘 맞았어."

그래도 꼭 자기가 하고 싶어서 벌인 일이 하나는 있지 않을까? 곰곰 생각하던 조아신은 산내마을신문을 꼽았다. 그동안 마을에서 여러 가지 활동이 벌어졌지만 풀뿌리 운동이라는 관점에서 보자면 아쉬움이 있었다. 중심부라고 할 수 있는 지역의 기존 권력관계를 바꾸는 데까지 나가지는 못한 점이다. 발전협의회나 새마을 같은 기존 권력 집단이 여전히 마을의 중요한 정보와 결정권을 독점하고, 특히 귀농자를 포함해 새로 유입하는 사람들에 배타적인 태도를 보였다. 어쩌면 마을신문을 통해서 그런 권력 구조에 우회적으로 영향을 미칠 수 있지 않을까 기대했다.

"물론 그건 나 혼자만의 생각이었지. 처음에 신문 만들자고 모인 사람들 중에서 이런 얘기를 하는 사람이 없기도 했고. 같이 하는 사람들 의견이 중요하니까, 지역을 잘 보여주는 이야기, 주민

산내마을신문의 제안으로 개최한 전국 마을신문 워크숍

들의 호응을 이끌어낼 만한 작업이 필요하다면 그걸 우선 하는 게 맞다고 생각했어. 내가 더 집중하지 못한 문제도 있지. 그런 면에서는 아직 할 일이 남아있긴 한데, 내부적으로 좀 힘이 빠져 있는 상태라…. 신문 일이 힘들어서라기보다는 오히려 신문 이후에 각자 마을에서 새로운 역할이 늘어서야. 어찌 보면 성과가 가져오는 뜻밖의 부작용이랄까. 그렇다면 억지로 지속하기보다는 다시 움직임이 생길 때까지 자연스럽게 두는 게 맞다고 생각해.”

함께 하는 일이라는 게, 대체로 만사가 잘 돌아갈 때는 행여 문제가 생겨도 그럭저럭 넘어갈 수 있다. 하지만 그러다 일이 잘 안 풀리거나 잘못된 결과가 나타났을 때는 사소한 갈등도 크게 불거지곤 한다. 그런 상황이 닥쳐왔을 때도 지금처럼 자연스러운 조절이 가능할까? 사회적으로 주목을 받고 영향을 미칠 만큼 역량을 쌓은 경우라면 일이 더 복잡해질 수도 있다. 나는 조아신이 개인적으로나 지리산이음을 포함한 마을 활동에 관해서나 그런 상황에 대처할 방안을 갖고 있는지 궁금했다. 그에 관한 대답은 단순하고도 원론적이었다.

"기본적으로 신뢰가 있는 사람과 일을 해야 잘된다고 생각해. 뭐든 다 믿어준다는 뜻이 아니라, 혹시 갈등이 생겨도 대화로 풀 수 있다는 믿음 말이야. 그건 일로써만 생기는 건 아닌 것 같아. 어떤 목적이나 조직적 필요를 배제하고 인간 대 인간으로 서로 관계 맺을 수 있어야 하는데, 보통은 그런 관계를 잘 안 맺는 것 같아."

"그 이유가 뭘까요?"

"서로 공유할 수 있는 시간과 기회가 충분히 많아야 하는데, 그렇지 못해서가 아닐까? 내 경우엔 토닥을 준비하기 전에 마을에 이미 오래 살면서 맺어온 관계들이 있었어. 그 사람들, 그 관계망 없이 기획만으로 할 수 있는 일이 절대 아니었지. 평소에도 꼭 어떤 일을 같이 하지 않아도 관계를 만들어가는 데 마음과 시간을 많이 쓰는 편인데, 그게 거꾸로 일로 나타나는 것 같아. 시골살이학교나 지리산포럼도 꼭 어떤 내용을 만들어낸다기보다는 관계를 확장하는 일이라서 좋아해."

"그래도 잘 이어지는 관계가 있고 아닌 관계가 있겠죠?"

"물론. 사람이 느낌이라는 게 있잖아. 아예 침묵하지도 않고, 너무 강하게 주장만 하지도 않고, 서로 주고받으며 대화가 가능한 사람이 좋아. 이야기를 하면서 공감할 수 있는 사람. 그런 사람이 있으면 평소에 눈여겨보다가 같이 하자고 제안하는 편이야. 이를테면 현택이 그래. 현택은 처음 만났을 때 그걸 느껴서 바로 같이 하자고 했지. 뭘 하자고 제안하면 좀 성에 안 차더라도 일단 해보자고 나서주니까 그동안 잘해온 것 같아. 아마 현택이 없었으면 내가 할 일이 더 많았을 테고, 금방 지쳤을 수도 있어. 마을에 온 지 얼마 안 되었는데도 현택이 토담 만드는 일 같이 하면서 동네 사람들 이야기도 많이 들어주고 의논하고 도와주고 그러다보니까 빨리 자리 잡은 것 같아."

"거의 은인에 가까운데요?"

"그런가?"

　

사회의 흐름을 짚되 가볍게 일을 벌이고 잘 해내는 사람. 내가 오래 지켜본 조아신은 그런 사람이었다. 하지만 알고 보면 그건 아이디어를 불쑥 꺼내기보다는 시간을 들여 공부하고, 주위의 의견을 들으며 바꿔나가는 유연함을 지녀서다. 때로 실패하거나 멈추는가 싶은 일이 생겨도 서둘러 봉합하기보다는 천천히 숙성되기를 기다린다. 이것은 개인의 의지만이 아니라 신뢰를 쌓은 동료들이 가까이 있어야만 가능한 일이다.

어떤 주의나 주장, 성과를 위해 모든 것을 쓸어 넣는 방식을 경계하고, 무슨 일이든 작게, 새롭게 시도하면서 일과 관계를 동시에 성장시키기. 조아신이 좋아하는 그 방식에 지리산권이라는 큰 그림을 얹어 새로운 시각을 자극한 오관영과 더불어, 첫 만남에서부터 자연스럽게 서로를 믿고 지지하는 동료로서 함께 해온 임현택의 존재가 새삼 중요하게 느껴졌다. 어쩌면 그야말로 '지리산이음'이 태어나고 자라는 데 핵심적인 역할을 한 인물인지도 모르겠다. 이제 그를 만날 때가 되었다.

지리산에살래

2015년 1월, 비록 작은 땅일지라도 농사를 지으면서 소박하지만 행복한 삶을 지속하고, 서로 경쟁하지 않고 협력하면서 살기 원하는 사람들이 만든 산내 농부/창작자 모임이다.

창립 전인 2013년부터 산내에서 쌀을 생산하는 농부들과 '지리산문화공간 토닥'이 협력해 유기농 햅쌀을 판매한 데서 출발했다. 지리산에살래로 모임을 꾸린 후에는 시골 농부와 도시 소비자의 호혜적 관계를 이어갈 사업을 구상하다가 소비자가 미리 선금을 지급하면 농부는 그에 맞춰 농산물을 보내주는 지리산에살래펀드를 출시했다. 이전에 쌀 판매를 도왔던 토닥의 역할을 이어받은 지리산이음은 지리산에살래펀드의 브랜드 개발과 홍보와 운영에 힘을 보탰다. 2016년부터는 미리 쌀값을 받고 두 달에 한 번씩 갓 도정한 쌀을 보내주는 쌀펀드도 시작했다.

지리산포럼

지금과는 다른 새로운 사회를 열망하는 사람들이 1년에 한 차례, 지리산에 모여서 교류하는 포럼이다. 공유할 만한 가치가 있고 사람들의 마음과 생각을 움직일 수 있는 아이디어와 구상, 경험과 계획 등을 사나흘에 걸쳐 자유롭게 발표한다. 2015년에 '지리산이음포럼'으로 시작하였으나 2017년부터는 지리산포럼으로 이름을 변경했다.

지리산포럼은 지리산이음이 지리산권만을 대상으로 활동하는 단체가 아니라는 점과, 지리산권의 사람과 마을을 잇는 것을 넘어 지리산과 세상을 잇기 위해 활동하는 단체임을 가장 적극적으로 드러내는 사업이다. 스위스 다보스포럼처럼, 비록 변방의 시골 마을이지만 1년에 한 번쯤은 더 나은 미래를 논의하고 변화를 위해 활동하는 사람들이 자유롭게 교류하는 곳이 되기를 바라며 구상한 지리산이음의 핵심 사업 중 하나이다.

지리산문화공간 토닥 후원 제안서

'지리산문화공간 토닥'을 만들어보려고 합니다.

조아신입니다. 제가 최근에 지리산 자락 남원시 산내면에 일을 하나 벌였습니다. 이곳은 제가 2003년에 이사해서 생활 터전으로 삼고 있는 곳이기도 합니다. "지리산에서의 즐거운 실험"이라고 부르고 있는 이 일은 산내면의 작은 호프집 건물 하나를 매입해서 문화 공간으로 변모시키는 일인데요, 이름을 '지리산문화공간 토닥'이라고 붙였습니다. 이름 괜찮은지요?

워낙 낡고 허름한 단독 건물이었던지라 8월 중순경부터 내부 수리와 벽, 바닥, 화장실, 다락방 공사를 시작해서 최근에야 끝낼 수 있었습니다. 건물은 오래전에 이곳에 귀농해서 살고 계신 지인 한 분과 공동으로 매입을 했고요.(시골이라 생각보다 비싸지는 않습니다.) 기본 공사는 약간의 대출과 이 일에 뜻을 같이하시는 동네 분들의 도움으로 해결할 수 있었습니다.

지금 공간의 모습은 깨끗하게 비워져 있는 상태입니다. 안에는 아무것도 없습니다. 이제부터 이 공간에 필요한 기본 물품과 각종 장비들을 채우는 일만 남았는데요, 이 문화 공간의 빈 곳을 채우는 일은 소셜펀딩으로 일부 해결해보려고 하고 있습니다.

개인적으로는 생활과 일의 터전을 일치시키고자 하는 첫출발입니다.

서울을 떠나 시골로 내려온 때가 2001년이었으니 벌써 12년째 되어가네요. 제주도에서의 3년을 포함하면 시골에서 서울을 오가는 생활을 꽤 오래 한 셈입니다. 물리적인 거리 때문에 육체적으로 힘들긴 했지만 일은 항상 즐거웠고, 새롭게 벌이는 사회적일도 즐거웠습니다.

그렇지만 항상 뭔가 불편했던 것이 있었는데, 그것은 제가 살고 있는 생활 터전과 일의 터전이 다르다는 사실이었습니다. 하고 있는 일 자체로만 보면 지역을 바꾸고 세상을 바꾸자는 것인데 제가 살고 있는 지역의 일에는 관심을 가지지 못하고 서울에서 하는 일만 했으니까요. 작년에 제주도 생활을 정리하고 다시 지리산 자락으로 오면서 결심한 게 있습니다. 최소한 50 대 50의 비중으로 생활과 일을 맞추어보자는 것이었고, 그 첫출발이 바로 지금 하고 있는 지리산문화공간 토닥의 일입니다.

도시에 농업이 필요하다면, 농촌에는 문화가 필요합니다.

요즘 도시 텃밭이나 도시 농업에 대한 이야기를 많이 합니다. 그리고 제 친구들을 만나보면 나중에 은퇴해서 시골로 내려와 사는 것이 꿈이라고들 많이 이야기합니다. 도시

에 농업이 필요하고 도시인들에게 농촌의 기운이 필요하다면 반대로 농촌에는 농업 외에 다른 무엇인가가 꼭 필요합니다. 그것이 저는 서로가 공유할 수 있는 새로운 '문화'라고 생각합니다.

제가 살고 있는 이곳도 10여 년 전부터 귀농인들이 정착하기 시작해 현재는 350여 명이 마을 곳곳에 터를 잡고 살고 있습니다. 노후를 보내기 위해, 아이들 교육을 위해, 본인의 건강을 위해, 삶의 방식의 변화를 위해, 크게는 세상의 다른 변화를 위해… 오는 이유는 참으로 다양합니다. 그런데 지금 그렇게 귀농 귀촌한 어른들이 이곳에서 키운 아이들이 중고등학교를 졸업하고 다시 도시로 나가고 있습니다. 이게 무슨 현상일까 곰곰이 생각해본 적이 있습니다.

복잡하고 빠른 도시적 삶에 지쳐서 어쩔 수 없이 오는 귀농 귀촌이 아니라 이곳에도 문화적 에너지가 있고, 창의적인 실험들이 있고, 지속가능한 삶을 위한 가능성을 발견할 수 있어야 지금과 다음 세대가 단절되지 않고, 농촌과 도시가 단절되지 않을 수 있다고 생각합니다.

이제 한 지역에만 갇혀서 살 수 있는 시대는 아닙니다만, 새로운 문화와 실험을 경험하고 에너지를 얻기 위해 먼 곳으로 떠날 수밖에 없는 것이 아니라 우리 아이들이 이곳에서 체득한 에너지를 긍정적인 방향으로 발산하기 위해 외부로 나가는 것이었으면 좋겠습니다. 그런 토대를 지리산문화공간 토닥을 통해 만들어보려고 합니다.

차이를 담아낼 수 있는 그릇을 만들고 싶습니다.

우리가 흔히 말하는 공동체에 대해 생각해봅니다. 공동체는 같은 지향을 가지는 사람들이 모여 사는 곳이라기보다는, 생각이 다르고 삶의 방식이 다른 사람들이 그것을 서로 인정하는 것이 가장 중요하다고 생각합니다.

그렇다면 공동체의 가치를 구현하기 위해 조직을 만들어서 그 조직이 지향하는 방향으로 사람들을 끌어들이는 것이 아니라 다양한 가치를 담아낼 수 있는 그릇, 차이를 담아낼 수 있는 그릇을 만들어야 한다고 생각했습니다. 그것을 요즘 많이 쓰는 플랫폼이라는 단어로도 표현할 수 있겠네요.

지리산문화공간 토닥을 차이를 담아내는 괜찮은 그릇으로 발전시켜보려고 합니다.

모든 사람들이 가르치고 배울 수 있는 대안대학을 만들고 싶습니다.

배움에 대한 욕구는 누구에게나 있는 것 같습니다. 학원이 없는 이곳의 청소년들은 교과서 외의 다른 배움을 요구하고, 어른들도 시골의 특성상 기회가 없기 때문에 배움에 대한 욕구는 있지만 사실상 포기하거나 멀리까지 무엇인가를 배우러 다닙니다.

그런데 제가 보기에도 이곳에는 수많은 지혜와 지식들이 살아 숨 쉬고 있습니다. 그것을 다들 드러내지 않고 살고 있을 뿐입니다. 아니, 드러내고 싶지 않은 게 아니라 드러낼 수 있는 기회가 없는 거죠. 미술, 음악, 철학, 건축, 수학, 영어, 상담, 복지, 문학, 종교와 같은 전문 영역뿐만 아니라 우리가 살아가는 데 꼭 필요한 생활 지식이나 지혜를 가지고 계신 분들이 꽤 많이 있습니다.

그렇게 마을 사람들이 가지고 있는 고유의 지혜와 지식들을 발굴하고 서로 연결한다면 그것 자체로 하나의 대학이 만들어질 수 있다고 생각합니다. 때로는 1년짜리 학과도 있을 거고, 어떤 때는 일주일 과정의 학과도 있을 겁니다. 일반 대학에서는 상상하지 못하는 다양한 학과들이 만들어질 수 있습니다. 만약 마을에 없다면, 외지의 사람들과 교류하거나 인터넷 동영상들을 활용하여 사이버대학을 둘 수도 있을 것입니다.

학위를 따기 위한 대학이 아니라 정말 지식과 지혜가 일상적으로 살아 숨 쉬는 대학을 이 지리산문화공간 토닥에서 한번 시작해보고 싶습니다.

지리산에서의 즐거운 실험, 어떤 일들이 벌어질지는 알 수는 없습니다.

지리산문화공간 토닥에서 무슨 일이 일어날지는 모릅니다. 이 공간이 정말 그릇이라면 그 내용을 채우는 사람들은 이 공간의 이용자들이겠지요. 저는 사람들이 편하게 만나서 이야기하고 좋은 관계가 형성되는 괜찮은 공간이 있다면 일은 자연스럽게 만들어진다고 생각합니다. 도시에서의 여러 사례들도 있고요. 그런 일이 시골에서 벌어질 수 있겠지요. 더군다나 일반적인 조용한 시골이 아니라 인구 2천 명의 면에 젊은 귀농자들이 350명이 넘는 곳이라면요.

저도 물론 공간의 기획과 운영뿐만 아니라 제가 하고자 하는 실험들을 해보려고 합니다. 그 일은 꼭 제가 살고 있는 지역에만 국한된 일은 아닐 겁니다. 사실 이것도 5년에서 10년 후쯤의 희망 사항이라고 할 수 있는데요. 스위스의 다보스포럼처럼 이 작은 지리산 농촌 마을에서 농업과 식량, 에너지, 협동조합, 환경과 생태, 도시 문명, 자립 경제 등과 같은 새로운 대안을 주제로 마을 곳곳의 회관과 민박집, 게스트하우스에서, 때로는 논과 밭, 들판에서 마치 축제처럼 일주일간 사회적 대화와 토론이 펼쳐지는 행사를 구상해보고 싶기도 합니다. 자꾸 이야기하다 보면 실제로 이루어지기도 하겠지요. 나중에 대학을 만들고 운영하는 데 가지고 계신 지혜와 지식도 좀 나눠주시면 더더욱 좋겠고요.

이런 일들을 하기 위해 만든 지리산문화공간 토닥의 빈 공간을 채워주시기를 부탁드리고 싶습니다. 채워주시는 것 이상으로 많은 것을 사회에 내놓도록 잘 준비하고 운영하겠습니다. 긴 이야기 들어주시고 그 전에도 하는 일을 항상 응원해주시고 도움 주셔서 고맙습니다.

2013년 지리산에서 조아신 올림

진짜 마음이 가는 일은 시작이 가볍더라

_임현택

작업 초기, 임현택을 만난다고 했을 때 누군가 슬쩍 귀띔했다. 동네 여기저기 뛰어다니며 궂은일을 도맡는 홍반장 같은 사람이라고. 그런데 앞에 나서서 말하는 걸 좋아하지 않으니 인터뷰가 쉽지 않을지도 모른다고. 그 말을 듣자마자 나도 모르게 혼잣말이 나왔다. "아니, 여기는 왜 다 낯가리는 사람들뿐이래?"

그리고 소문의 "낯가리는 홍반장"과 만나는 날이 다가왔다. 몇 번 얼굴을 본 적은 있어도 제대로 대화를 나누는 건 처음이었다. 토닥에 도착해 자리를 잡고 보니 조금 전까지 옆에 있던 사람이 갑자기 사라졌다. 어리둥절하며 기다리고 있으니 잠시 후 이마에 땀이 송골송골 맺힌 임현택이 슬그머니 나타났다.

"아, 미안. 잠시 동네 도서관에 다녀오느라."

"왜요? 또 뭐 고치러 갔어요?"

"어떻게 알았지? 행사 준비하는데 마이크가 안 나온다고 해서 봐주고 왔지."

"역시 홍반장 맞네, 홍반장."

괜한 걱정을 했던 모양인지, 이야기는 생각보다 술술 풀렸다. 그날 토닥에서, 뱀사골 앞 식당에서, 그리고 동네 사람들과 함께 한 술자리에서…. 몇 차례에 걸쳐 만남을 이어나가는 사이, 나는 점차 이 미지의 인물이 걸어온 길을 예상보다 꽤 많이 알게 되었다.

임현택은 2012년 봄에 가족과 함께 산내로 이주했다. 하루 일과 중 가장 중요한 임무는 두 아이를 챙기는 거다. 학교와 어린이집 오가는 길뿐 아니라 먹을거리 놀거리를 직접 다 챙긴다. 어쩌다 동네에서 저녁 모임이 있으면 먼저 집에 가서 아이들을 챙기고 다시 나온다.

그 사이사이 시간에 온갖 동네 일을 한다. 이런저런 모임에 참여하는 것뿐 아니라 동네 사람들의 사소한 부탁에도 수시로 응한다. 올 들어서는 지리산이음과 아름다운재단이 공동 운영하는 지리산 작은변화지원센터에서 센터장으로도 일하고 있다. 마을 밖으로 나갈 일이 부쩍 늘었지만, 여전히 아이들을 돌보는 게 업무의 1순위다.

이렇게 생활을 아이들 중심으로 재편한 데는 나름의 사연이 있다. 산내로 오기 전, 임현택은 부산의 '민주공원'이라는 비영리기관에서 일했다. 정규직으로 출퇴근하며 저녁에는 공부도 하고 지역 활동가들과 교류도 하면서 바쁘게 지내던 그는 어느 날, 극심한 아토피로 고생하는 아이 앞에서 잰걸음을 멈추었다.

"정말 일이 많고 바쁠 때였는데, 대학원까지 다니느라고…. 그

마을 카페 토닥 공사 중인 임현택

런데 애가 너무 아프니까, 뭐가 중요한가 싶더라고.” 이왕 시작한 거 대학원은 수료하고 갈까, 진행하던 사업은 어떻게 마무리할까 이런저런 생각이 머리를 스치긴 했다. 하지만 그런 고민을 다 합해도 아이만큼 소중하지 않았다.

무엇보다 주거 환경을 바꾸는 게 급했다. 따로 지역을 정해놓지는 않고, 우선 주위에 먼저 귀촌한 이들을 만나러 다녔다. 그런데 처음 찾아간 동네가 마음에 쏙 들었다. 공기와 풍광이 좋을 뿐 아니라 귀농 귀촌 인구와 어린아이가 많은 마을, 바로 산내였다. 부부는 더 볼 것 없이 이곳으로 이주하기로 결정했다.

“그러니까 이 마을에 친구분 외에 아무도 아는 사람이 없었다는 거예요?”

“그렇지. 그냥 살 집만 구하면 바로 오자고…. 아내가 교사여서 전근할 곳 찾아보고, 나는 무슨 일을 더 하겠다는 생각을 안 했어. 아이들 돌보고 적응하는 것만 생각했지."

그렇게 급격히 삶을 전환하고 적응기를 보내던 임현택은 한 달이 지날 무렵 전화를 한 통 받는다. 조아신이었다. 둘은 만난 적이 없지만, 서로가 누군지는 이미 알고 있었다. 산내로 이주 한다고 하니 동료들 중 누군가가 조아신을 만나보라고 했다. 조 아신 또한 몇몇 지인들에게 임현택을 만나보라는 이야기를 들 었다.

그날 밤, 둘은 마을 사람들이 종종 모이는 삼거리 치킨집에 마 주 앉았다.

"서로 인사하고 얘기 좀 하면서 맥주 마셨지. 그러다 대뜸 동네 사랑방 같은 공간을 하나 열 거라고, 같이 해보겠냐고 하더라고."

"그래서 뭐라고 했어요?"

"뭐, 좋다고. 재밌겠다고 했지."

그러자 일사천리로 일이 진행되었다. 그 후로 여섯 달 가까이, 임현택은 '지리산문화공간 토닥'을 만드는 일에 뛰어들었다.

그 기간은 낯선 동네와 낯선 생활방식에 적응해나가는 디딤돌 이 되어주기도 했다. 아이를 중심으로 돌아가는 일상 속에서도 너무 고립되지 않고 이웃과 사귈 수 있었다. 떠나온 도시에서의 인연을 단번에 잃지 않을 계기도 얻었다. 토닥의 초기 출자자를 모을 때, 그는 부산에서 알고 지내던 지인들을 찾아다니며 소액 으로 거의 7백만 원을 모아왔다.

무엇이 될지 명확하지 않은 공간을 만드는 일에 참여한 임현택은 그 빈자리에서 자기만의 탁월한 능력을 십분 발휘했다. 크게 드러나지 않아도 구석구석에서 할 일을 찾아내는 능력, 일이 실제로 되도록 만드는 능력, 그런 건 아무나 갖고 있는 게 아니다. 여기서 다시 그의 지나온 길을 짚어볼 필요가 생겼다.

"항상 그랬던 것 같아. 누가 이런 게 필요하다고, 해보면 어떻겠느냐고 하면 자꾸 마음이 가. 흘려듣지를 못해. 내가 좀 부담이 되도 그게 좋고 필요한 일이라면 웬만하면 했지."

1990년대 초에 대학에 진학한 임현택은 자연스럽게 학생 운동을 접했다. 어딜 가든 굳이 앞장서는 편은 아니었는데, 군대에 다녀와 복학했을 때 급격히 흔들리는 학생 운동을 외면하지 못했다. 그저 할 사람이 없다기에 나섰다가 지역 학생회 연합회를 맡았고, 졸업 후에도 학교를 떠나지 않고 6년 가까이 물밑에서 계속 활동했다.

그리고 서른이 다 되어서야 취업을 했다. 활동하며 알던 선배가 소개해준 자리였다. 민주공원은 민주화 운동의 결실로 설립한 기관인 만큼, 직장이라기보다는 운동을 지속할 방법으로 생각했던 건지도 모른다. 하여간 뜻하지 않던 직장생활을 시작했는데 의외로 적성에 잘 맞았다. 꼬박꼬박 출퇴근하는 일에 금세 적응했고, 점차 관심에 맞는 일도 찾아냈다.

기관에서 하는 일 중에는 민주화 운동 몇 주년을 기념하는 등 대규모 행사를 기획하는 경우가 많았다. 그런데 임현택은 크고 거창한 행사보다는 작고 다양한 주민 활동에 더 눈이 갔다. 한때 공장에서, 거리에서 노동자의 권리와 민주주의를 외치던 사람들이 이제 자기 삶 속에서 어떤 실천을 하고 있는지에 관심이 생긴 것이다. 이른바 풀뿌리 운동이다. 찾아보니 생각보다 그런 일을 하는 사람들이 곳곳에 많이 있었다. 낙후된 동네에서 마을신문을 만들고, 도서관을 짓고, 문화예술 프로젝트를 하는 사람들을 계속 찾아다녔다.

각자의 현장에서 충실히 활동하는 이들에게 기관이 도움을 줄 방법이 뭐가 있을까? 풀뿌리 활동가들이 가장 원하는 것은 서로 정보를 공유하고 교류할 수 있는 관계망이었다. 그래서 부산 지역 풀뿌리 활동가 네트워크 '풀내', 수요일마다 여는 학습 모임 '수풀' 같은 모임을 지원하고, 외부 지원금을 확보해 활동가 교육 프로그램도 기획했다. 대학원에 진학한 것도 그 일을 더 잘하고 싶어서였다. 그런데 대학원 2년차에 아이의 건강 문제가 심각해졌고, 산내로 이주하면서 기존에 하던 활동을 모두 중단해야 했다. 하지만 그 시기의 경험과 관계망은 이후 토닥과 지리산 이음을 통해 더 큰 관계망으로 확장되었다. 무엇보다, 타인의 활동을 지원하는 데서 그치지 않고 자기 활동을 만들어가는 즐거움을 만끽할 수 있었다. 그게 너무 과해서 탈이 날 때도 있었지만 말이다.

"일을 정말 많이 한 것 같긴 해. 초기에는 준비하느라고 일이 많았고, 동네 모임 이것저것 참여하고 그중에 어떤 모임은 일로 연결하고 그랬지. 2016년에는 지원사업까지 더해지는 바람에 한 해 동안 행사만 80회 했어."

"대체 왜 그러는 거예요?"

"이게 내 문제야. 누가 이걸 하면 재밌겠는데, 뭐가 되겠는데 하면 일단 하려고 드니까. 나중에 보면 그게 다 내 몫으로 돌아오는데도 계속 그래. 그래도 아이를 돌보면서 할 수 있는 조건이었으니까, 그게 좋았어. 대부분 내가 좋아서 벌인 일들이기도 하고."

"크게 한계를 느낀 순간이 있었어요?"

"굳이 들자면, 민박 운영할 때? 그때도 큰 그림은 없었고, 토닥 열고 나서 외지에 사는 지인들이 숙소 소개해달라고들 하기에, 차라리 그럼 우리가 해보자, 적자는 안 보겠지 하고 시작했어. 2013년에 감꽃홍시 게스트하우스 위탁 운영하고, 집 한 채 빌려서 토닥이네 민박이라는 공간도 열고. 그런데 해보니까 일이 너무 많은 거야. 일단 해보자 하는 내 스타일이 작용해서. 좀 멍청했던 것도 같아. 밤마다 불려 나가고, 청소하고, 관리하고. 일이 많은 것과 별개로 또 외부의 수요가 그렇게까지 많은 건 아니더라고. 고생 좀 하고 정리했지."

그동안 토닥, 그리고 지리산이음을 통해 벌인 활동에 참여한 사람들에게서 자주 나온 평가는 "일을 그때그때 물 흐르듯 잘 진행하는 능력"이 있다는 것이었다. 임현택의 말을 들어보면 그 능력은 물밑에서 무수히 벌어지는 삽질의 결과인 듯 보인다. 그러나 무수한 삽질을 한다고 하여 누구나 그런 능력을 갖출 수 있는 것은 아니지 않나.

"뭔가 기획했을 때 죽도록 열심히 준비하지는 않아. 그렇다고 사람이 많이 오지 않거나 내용이 기대에 못 미쳐도 크게 실망하지도 않는데, 그게 비결이랄까. 생각해보면 진짜 마음이 가는 일

'산내면의 홍반장' 임현택

들은 시작할 때 가볍게 한 것 같아. 계획을 촘촘히 세우지는 않아도 언제쯤 이걸 준비해야지 하는 감이 있는 편이야. 그게 나름의 매뉴얼일 수도 있고. 평소 보이지 않게 조금씩 준비하다가, 혹시 현장에서 준비가 덜 되어 있으면 참가자들과 같이 보완하기도 하고. 그런다고 탓하거나 할 필요는 없다고 생각해."

"산전수전 경험이 쌓이지 않고는 흉내 내기 어려운 매뉴얼 아닐까요?"

"그렇게 볼 수도 있지. 아무래도 셋 다 10년, 20년씩 일해온 경험이 영향을 줄 테니까. 아름다운재단 인큐베이팅 받을 때는 그 사업 특유의 편안한 지원 방식이 큰 도움이 되었어. 예를 들어 관에서 지원사업을 한다면 공무원이 현장 지켜보면서 몇 명이나 왔는지 확인하고, 성과 계량해서 내라고 하고 그럴 거잖아? 재단은 그러지 않았어. 단지 하나의 행사가 양적으로 잘되고 안 되고

가 아니라, 되는 일은 되는 대로, 안 되는 건 또 안 되는 대로 어떤 흐름과 맥락이 있는지를 잘 짚어내면 그것도 성과로 받아들이니까 자유롭게 실험하기에 좋은 조건이었어."

"거꾸로 아무 경험이나 자원이 없는 상태에서 하기는 어려운 일일 수도 있겠어요."

"인큐베이팅의 중점을 어디에 두느냐에 달린 것 같아. 어쨌거나 자기가 잘할 수 있는 일을 찾고, 거기에 맞는 조직적 형태를 갖춰나가는 과정이니까. 우리는 각자가 가진 경험과 관계망, 그리고 귀농 운동의 역사와 지리산이라는 지역적 조건이 결합해서 시너지를 낸 것일 테지."

이 대목에서, 나는 앞의 두 사람에게도 던졌던 질문을 똑같이 던질 수밖에 없었다. 그렇게 자연스럽게, 물 흐르듯 일하고 조직을 운영하는 게 과연 앞으로도 지속가능한 방법일까? 사람이 바뀌고, 자원의 출처가 달라져도? 그러자 임현택은 앞의 두 사람과 크게 다르지 않은 대답을 내놓았다.

"큰 방향에서 주로 결정을 해온 건 세 사람이었긴 해. 자발적으로 하는 모임들은 당연히 모임 참여자들의 결정에 따라 움직이고. 우리가 그 일원이라고 해도 거기서는 개인으로서 존재할 뿐이지. '지리산이음'만 놓고 본다면, 이 세 사람이 역할에서 빠지고 새로운 의견이 나오고 그러다 보면 나중에 완전히 다른 모습이 될 수도 있다고 생각해. 지금 토닥은 운영진이 따로 있어서 거기서 운영 전반을 결정하는데, 사람이 바뀌거나 마을의 수요가 달라지면 전혀 다른 방식으로 바뀔 수도 있고. 오히려 그런 변화의 가능성을 상상하면서 지금 너무 모든 걸 딱 정해놓지 않으려고 해. 당장 새로 참여하는 이음의 멤버들과는 그동안의 과정을 충분히 공유할 필요가 있지만, 의사결정 방식은 앞으로 함께 논의해서 만들어야 한다고 생각해."

"현재 상태가 지속할 시간이 그리 길지 않을 수도 있다는 얘기네요."

"아마도. 언제까지고 이 일을 붙잡고 있는 것도 좋지 않으니까. 올해 시작한 지리산 작은변화지원센터 때문에 좀 달라진 부분이 있고, 나는 지원하는 역할보다 마을에서 하던 활동들, 산내놀이단이나 마을신문, 여행협동조합 같은 데 더 시간을 쓰고 싶은데 당분간은 어려울 것 같아. 그래도 마음이 가는 건 확실히 그쪽이 더 커."

마을에서 놀고, 어울리고, 함께 일을 만들고, 그런 과정에 자꾸 마음이 가는 이유는 뭘까? 그것은 관계 속에서 함께 성장하는 기쁨, 혼자서는 못할 꿈같은 일을 현실에서 만들어내는 즐거움에 있다고, 세 사람은 한결같이 대답했다. 그 기쁨을 알기에 누군가는 큰 그림을 그리고, 누군가는 작고 다양하게 시도하고, 누군가는 보이지 않는 손이 되어 움직인다. 그리고 행여 그 기쁨이 거대한 짐으로 내려앉지 않도록, 관계 속에서 계속 자기를 성찰한다.

만약 그 과정을 반복하다 매너리즘에 빠지는 순간이 온다면, 그들을 둘러싼 관계 속에서 분명 신호가 나타나리라. 그 신호를 예민하게 받아 안을 여유가 있기를 바랄 따름이다. 그러기 전에,

셋 다 이미 다진 기반을 새로운 사람들에게 넘겨주고 떠날 궁리를 하기 바쁜 게 더 걱정이긴 하지만.

산내놀이단

겨울철 농한기를 맞아 동네 어르신들을 모시고 신명나는 놀이판을 펼치는 아마추어 놀이단이다. 2014년 12월부터 2015년 2월까지 네 차례의 공연을 통해 몸판인 춘향전을 비롯하여 노래 공연, 차력쇼, 마술쇼, 댄스 공연, 농악 등 다채로운 볼거리를 선보였다. 이후에도 흥부전, 별주부전 등의 몸판으로 매년 농한기에 공연을 계속하고 있다. 배우, 연출뿐만 아니라 기획부터 공연 진행까지 전 과정을 산내 마을 주민들의 힘으로 일궈내고 있는 산내놀이단은 2018년에는 각 마을회관을 순회하는 다섯 차례 공연과 한 차례의 메인 공연을 진행했다.

지리산여행협동조합

'산내마을연구회', '지리산 탐험대', '자연놀이터 그래'에서 활동하던 동네 주민들이 여행을 주제로 마을에서 할 수 있는 일을 찾아보다가 시작한 조합이다. 지리산이음과 함께 제주에서 공정여행 워크숍을 하면서, 지역과 상생하면서 모임 구성원들이 잘할 수 있는 일을 본격적으로 해보자는 데 뜻을 모으고 1년의 논의를 거쳐 2015년 5월 창립했다. 이후 지리산 마을 여행, 숲 여행, 역사 여행 등 다양한 프로그램을 진행해오다 2017년 12월, 운영과 수익 측면에서 지속 가능하기 어렵다는 판단 아래 해산했다.

제2장

함께하는 마음

일을 새로 만드는 것과 꾸준히 이어나가는 것,
둘 중 어느 쪽이 더 어려울까?
혹은 더 중요할까?
정답이 없는 어리석은 질문이라는 것은 알고 있다.
하나가 다른 하나에 영향을 미치는 사안이기에 더 그렇다.
그럼에도, 내 경험에 비추어보면 일은 확실히 시작하는
것보다 지속하는 쪽이 배는 더 어려웠다.
시작하는 마음 못지않게 그 시작을 이어나가는
사람들의 생각을 알아보고 싶어진 것은 그 때문이다.
적절한 시기에 흥미진진하게 시작한 마을의 새로운 문화공간 토닥,
그리고 실상사 귀농학교 이후 다른 방식의
도농 교류를 실험한 시골살이학교에 긴 시간 함께해온
사람들의 이야기를 좌담회 형태로 들어보았다.

무언가 시도하도록 자극하는 공간

마을 카페 토닥 운영진 좌담회
_나비, 누리, 현숙

월요일을 제외하고 주 6일 문을
여는 마을 카페 토닥은 개관 즈음
부터 일해온 마을 주민 나비와 현
숙이 풀타임으로, 누리가 2년째 파
트타임으로 함께 운영한다. 이들은 어
떤 이유로 이 일을 맡아 무슨 마음으로 지금까지 함께하고 있는
걸까?

토닥에서 일을 시작한 계기는 무엇인가요?

현숙 기획하고 공사할 때는 크게 관심이 없었고 일할 생각도 없
었어요. 제주에서 돌아와 쉬면서 무슨 일을 할까 고민하던 때였
고, 몸도 별로 좋지 않았거든요. 그런데 카페 일을 맡기로 한 사
람이 막바지에 안 하게 되서 급하게 사람을 찾아야 했어요. 남편
인 조아신이 제일 가까운 제게 부탁했죠. 사실 커피도 안 마셨는

마을 카페 토닥에서 일하는 사람들(왼쪽부터 현숙, 누리, 나비)

데, 제주에서 바리스타 과정을 배우고 조금 관심이 생기던 참이었어요. 얼마나 할지는 생각하지 않고 일단 급하다니까 시작했어요. 체력이 따라줄지도 알 수 없었고. 그런데 생각보다 할 만했어요. 결국 지금까지 하고 있네요.

나비 토닥 문 열고 조금 지나서 연락을 받았어요. 산내에 이사 온지 2년째였어요. 잠깐 어린이집에서 일하고는 몸이 힘들어서 쉬려던 참이었는데, 이야기를 들어보니 한번 해볼까 하는 마음이 들었어요. 계획이 허무맹랑하지 않고 할 수 있는 만큼 해나가려한다는 느낌을 받았어요. 길면 한 3년만 해보자 생각했죠.

현숙 초기에는 기획자 세 사람, 그러니까 김인숙, 임현택, 조아신이 잠깐씩 일을 같이 했어요. 다들 급여를 받지는 않았지만, 계속 그렇게 일하기도 어려운 조건이었어요. 그래서 나비가 합류했고, 전담자 두 명에 파트타임 한 명은 더 필요해서 채용을 했어요. 그 파트타임 자리에 들어온 사람이 누리예요.

누리 2017년 1월부터 일을 시작했어요. 토닥이 처음 생겼을 때
는 학교 다니느라 서울에 있었어요. 여기는 한 달에 한 번쯤 내려
왔는데 카페가 생기면서 동네 분위기가 달라지고 있다는 얘기를
들었어요. 그래도 한 번도 못 와보다가, 2년 전에 쉬고 싶어서 집
에 돌아와 반년 정도 은둔했어요. 그러다 조아신에게 토닥 일을
제안 받았는데 얘기 듣자마자 바로 "네, 할게요"라고 답했어요.
깜짝 놀라시더라고요.

다들 쉬려고 하는 틈에 제안을 받고, 수용하셨네요. 어째서죠?
누리 토닥 일 때문에 보자고 했다는 걸 부모님 통해서 이미 들어
알고 있었어요. 사실 누가 뭘 하자면 바로 해야지 생각하던 때였
어요. 그대로 집에만 있으면 안 될 것 같았거든요. 그래도 이렇게
길게 할 줄은 몰랐네요.
현숙 일단 급하다니까 한 거긴 한데, 처음에 할 마음이 없었던 걸
생각하면 일이 괜찮았어요. 만족도도 높고 스트레스는 적고. 주
부로서 애들 돌봐야 하는데 그런 것도 병행할 수 있는 여유가 있
었어요. 난 정말 운이 좋았다고 생각해요. 새로운 나를 볼 수 있
어서. 이전에 2년 이상 한곳에서 일한 적이 없는데 벌써 6년 지
났으니까. 그리고 내 공간이 집뿐만 아니라 마을에 또 하나 생긴
느낌? 그게 좋았어요. 그 전까지는 항상 집에 매여 있는 상태였
는데, 해방 공간이 생긴 듯해요. 이제는 아이들도 다 컸고. 그래
서인지 정한 근무 시간이 있지만 그걸 넘어서 뭘 해도 아무 걸림
이 없어요. 내 일이라고 생각되기도 하고.

나비 쉴 틈 없이 바로 시작한 건 아쉽긴 하지만 그래도 운이 좋았죠. 시골에서 일자리를 계속 이어가는 게 쉽지 않으니까요. 산내에 아무런 연고도 없이 왔는데, 어린이집도 토닥도 그런 상태로 우연히 일을 시작했어요. 그 자체가 운이 좋았다고 생각해요. 제 역량은 잘 모르겠지만, 여기 일을 하면서 마을 안에서 정착까지는 아니고 안정이랄까요. 경제적으로나 관계에서나 안정을 얻은 듯해요.

현숙 나비가 처음에는 조심스럽게 1년 정도 얘기했어요. 여기서 계속 살지 확신이 없었던 거죠. 이후에도 언제든 떠날 수 있다는 뉘앙스로 말하곤 했어요. 그런데 여태 같이 하고 있어요.

나비 누리도 집에서 6개월 있었다고 하는데, 저는 산내 오기 전에 3년 동안 히키코모리(사회생활을 피해 방이나 집 등 특정 공간에 은둔하는 사람을 가리키는 일본어)였어요. 지금은 엄청 좋아진 거예요. 몸도 정신도. 제가 토닥 일뿐 아니라 이 지역에서 좀 적응하려고 애를 쓴 면도 없지 않아요. 산내는 우연히 왔어요. 사람이나 내 삶에 대한 기대를 하지 말자고 다짐하면서 하루하루 지냈죠. 운이 좋았다는 건 그런 얘기예요. 마을에서 자리 잡으려면 관계가 좀 돼야 하는데, 제가 낯을 무척 가려요, 원래. 그런데 여기서 말 엄청 많아졌어요. 그렇게 해야지만 살 수 있으니까. 일부러 그런 상황에 나를 밀어 넣은 것도 있어요.

처음 왔을 때 원룸에 살았는데, 직장도 없고 아는 사람도 없으니까 그냥 눈을 질끈 감고 나가는 거예요. 일단 나가보는 거죠, 어슬렁어슬렁. 매장에 앉아 있거나 정자에 앉아 있거나. 그러면

서 조금씩 사람들과 얘기하게 되고 옆집에 뭐 필요하다면 도와주기도 하고. 그렇게 관계의 폭이 생기면서 눈여겨본 사람이 있었는지 어린이집에 일하러 오라고 해서 갔어요. 운 좋게 일이 생겨서 자기에게만 빠지지 않고 좋아진 것 같아요. 그러고 보니 이 동네는 재밌는 게, 이력서 받는 곳이 하나도 없어요.

현숙 제가 보기에 엄청 노력했어요. 농촌 일손이 바쁠 때 가서 일하고, 장사한다면 옆에서 도와주고 그러는 걸 착실하게 한 거예요. 토닥에서 같이 일하자고 제안할 때 그런 모습이 눈에 보였어요. 자기 노력과 행동이 만들어놓은 기회죠.

나비 의도해서 한 건 아니고, 제게 필요하다고 생각했어요. 기왕 왔으니 온 김에 좀 잘 지내야겠다. 인정받고 싶었다기보다는, 나쁘게 떠나고 싶지 않았어요. 포기하거나 그런 식으로는.

서비스업을 경험한 적이 있나요? 적응하기 힘들지 않았어요?

나비 와인 바에서 일한 경험이 있어요. 집에서 요리도 하고 초콜릿도 만들고 그랬어요. 그런 면에서는 좋아하는 일이에요. 처음에는 쉬지 않고 일 시작하는 게 부담스러웠고, 토닥의 수입도 안

눈 오는 날 토닥

정적이지 않아서 염려했어요. 하는 일 없이 월급 받는 것 같아서. 그러다가 차차 안정되는 과정을 봤죠.

현숙 우리 셋 다 서비스업에 맞는 성격은 아니에요. 낯도 많이 가리고, 밝고 상냥하지 않기 때문에. 오지랖도 없는 편이죠.

나비 도시 사람들에게는 뚱한 느낌일 걸요. 저 사람 되게 불친절하네, 라고 생각할 정도로. 마을 사람들은 어쨌든 아는 사람들이고 관계가 있으니 괜찮은데, 외부 사람들은 친절하지 않다고 느낄 듯해요.

누리 그래서 의식적으로 웃기도 해요. 저는 서비스업이 처음이에요. 손님 입장에서 내가 어떻게 보일까 가끔 생각해요. 표정이 안 좋게 보일까 봐, 살갑지 않은 성격이라서요. 특히 토닥은 지역 주민들이 이용하는데 사람 얼굴 못 외우는 게 마음에 걸려요. 컴플레인 받은 적은 없지만, 그래도 매번 누군지 못 알아보고 그런 건 좀….

현숙 나도 서비스업 안 해봤고 성격도 안 맞지만, 그나마 편할 수 있는 건 손님 대부분이 아는 사람이라 그래요. 아이들도 부모가 누구인지 알고 그래서 좀 편하게 대할 수 있어요.

나비 저도 어린이집에서 1년 있었기 때문에 웬만한 사람은 어느 정도 알게 되었는데, 누리는 아이들이나 학부모와 관계가 없었잖아요. 힘들 만해요, 연배가 다르니까. 오히려 부모 세대가 서로 알죠.

누리 실제로 어른들 중에 저는 모르는데 저의 어릴 때를 아는 분이 나타나서 당황스러운 경우가 생겨요.

그러고 보니 토닥은 아이들이 많이 찾는 공간인 것 같아요.

현숙 처음부터 그렇진 않았어요. 엄마가 카페를 이용하면 아이들이 오는 식이었는데, 나중에는 친구 따라서도 오고 익숙해져서 그런지 찾아오더라고요. 이제는 초등학교 마치는 세 시부터 여섯 시 사이에는 주로 초등생이, 네 시 이후에는 중학생 아이들이 한 자리 차지했다가 또 집에 가고, 그런 패턴이 생겼어요.

나비 아이들이 돈이 없으면 "엄마한테 전화해주세요"그랬는데, 이제는 "누구네 집에 달아주세요"그래요. 그냥 들어와서 화장실도 이용하고, 전화도 쓰고, 비도 피하고.

현숙 아이들이 많이 온다고 해도 운영에 무리를 줄 정도는 아니어서 그런 편의는 최대한 보장해요. 그 외에도 택배를 맡아준다든지, 물건을 전해준다든지, 사람들의 필요에 맞는 서비스를 제공하는 공간이 되었어요.

나비 저희가 맞춘 건 아니고 저절로 이렇게 변해온 것 같아요.

현숙 프린트를 한다거나 사진을 뽑거나, 그런 건 소소하지만 동네에서 쉽게 할 수 없는 일이라 의도적으로 제공했어요. 그런 분위기가 자리 잡은 게 아닐까 싶어요.

초기에 토닥이 추구하던 형태와는 어떻게 다른가요?

나비 처음 카페를 열 때는 서비스로서만이 아니라 동아리나 모임을 하기 좋은 문화공간을 제공한다는 취지가 컸어요. 동네에서 카페 문화를 누리고 공간도 활용하고.

현숙 여러 가지 시도를 했죠. 화요일마다 영화를 상영하고, 때로 주민이 가르치고 배우는 강의를 열어보기도 하고. 건물 뒤 컨테이너 박스는 청소년들 전용으로 제공하려고 만들었어요. 그런데 생각만큼 수요가 없었어요. 대신에 요즘 그 공간은 어른들이 하는 동아리나 학부모 모임에서 예약해서 활용해요. 아무튼 초기에는 공연이나 워크숍 같은 것도 기획을 하고 반응도 좋았는데, 요즘엔 그런 것보다는 그냥 편하게 와서 쉬고 얘기 나누는 공간으로 자리 잡은 듯해요.

나비 동네에 자발적 동아리가 늘고 단체에서 하는 모임도 늘고 해서 모임이나 문화 활동 공간으로서의 역할은 줄어들었어요.

현숙 토닥 전후로 많이 달라졌어요. 직접 뭘 해서라기보다는, 사람들이 뭔가를 좀 더 쉽게 시도할 수 있게 자극한 게 아닐까요? 시점이 그런 시점이기도 했어요. 귀농뿐 아니라 삼십 대 이하 농

토닥을 찾은 아이들

사 안 짓는 귀촌도 늘고, 아이 키우는 학부모들이 자치 활동도 하고. 그런 사람들이 이전에는 집에서 하던 활동을 이제 공적인 공간으로 나와서 하게 되었어요. 문화기획 달, 품안도서관, 마을교육공동체, 지리산이음…. 그런 단체가 늘었는데, 실상사를 중심으로 워낙 이전부터 있던 곳을 제외하고는 전부 토닥 이후에 생겼죠.

나비 뭔가 바뀌는 흐름도 빨라졌어요. 산내는 트렌드가 엄청 빨리 변해요.

현숙 어떻게 보면 선택이 다양해진 거죠. 예를 들어 한생명이나 토닥, 어느 것이든 하나만 있으면 하거나 안 하거나 그래야 했을 텐데 지금은 여러 가지 있으니까 맘에 드는 데 참여할 수 있잖아요. 토닥 초기에는 사람들 반응이 어땠냐면 "아니 시골에 카페가 왜 필요하지?"였어요. 그래서 잘 안 들어왔고 들어오기 힘들어

했어요. 옛날에 귀농한 사람들은 특히 카페 문화에 익숙지 않아서 머뭇거리고. 보통들 집에서 모여 밥을 먹거나 차를 마시거나 했거든요. 그런데 카페가 자리 잡으면서 편해진 듯해요. 요즘에는 지역 주민도 꽤 와요. 요 몇 년 사이에 동네에 카페가 늘었어요. 그러다 보니 토닥도 카페 본래의 역할에 충실한 방향으로 바뀐 거예요.

지리산이음이 법인화한 후에 토닥도 변화를 겪었는데, 어땠어요?

현숙 저희보다는 기획자들이 계속 고민했죠. 지리산이음에서 장기적 구상을 늘 해온 세 사람이 "이렇게 가면 어때요?", "이러면 좋을 것 같은데"라고 계속 얘기해주니까 인식은 하고 있었어요.

나비 저는 역할과 책임이 늘었어요. 토닥 대표를 맡아서. 법인 이사장이 있지만 토닥은 대표를 따로 두거든요. 그래서 무거워요, 실은. 수익이나 매출에 관해서 예전에도 생각은 했죠. 그렇지만 더 신경 쓰여요. 제 뜻대로 되는 건 아니라서. (도망갈 생각은 안 해요?) 성격상 그건 어려워요. 도망가더라도 정리는 하고 가야….

현숙 전 상대적으로 가벼워졌어요. 근무일이 늘어서 노동 강도는 세졌는데, 할 만하더라고요. 시작할 때보단 건강이 좋아졌어요. 일 자체가 늘어난 건 전혀 무겁지 않아요. 사람을 무겁게 하는 건 역할과 책임이죠. 제가 갖고 있던 게 나비에게 넘어갔네요.

나비 처음에 제안을 받았을 때, 어떤 이념이나 이상을 좇기보다는 할 수 있는 일을 하는 사람들이라는 생각이 들었어요. 그 판단이 저는 제일 중요했어요. 3년 안에 어떤 활동을 하려고 한다고

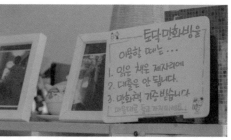

설명해주었는데, 그 정도는 할 수 있지 않을까 싶었어요.

누리 시작할 때에 비해 근무 일수가 너무 늘었어요. 체력을 키워야겠다 생각하고 있어요. 일반적인 사람들 일하는 시간에 비해 적은데도 이렇게 힘들다니 싶어서. 일 배우고 느끼는 것도 많고 그래서 괜찮아요. 지금도 여기서 뭘 더 해야 하지 않을까 생각하는 부분이 많아요. 그게 좋아요.

작년에 토닥 일 시작했고 지금은 지리산이음 홍보 일도 해요. 지리산포럼 청년 섹션이나 청년도서관 프로그램 같은 일에 조금씩 참여한 게 시작이었어요. 포럼 하면서 활동가라는 사람들을 처음 만났는데, 이렇게 일을 해도 되나 하는 생각이 들었어요. 보답 받지 못하면서 일을 하고 계시는구나 싶었어요.

현숙 저는 예전이나 지금이나, 시민운동가나 활동가의 삶이 거창하게 느껴져 부담스러워요. 예전에 몇몇 단체에서 일할 때 가장 불편한 게 바로 그런 느낌이었거든요. 내가 지향하는 삶과 교차점은 있지만 뭔가 항상 걸리는 게 있었어요. 그래서 오래 못하고 그만두고. 내가 있어야 할 자리가 아닌 것 같은 느낌이랄까요. 토닥에서 하는 일은 그 느낌이 전혀 없어요. 높은 이상이나 가치를 추구해야 한다는 의무감이나 무게감 같은 거 없이, "이거 다 있으면 좋지 뭐, 나도 좋고"하게 돼요.

지리산이음과 함께 일하는 방식은 적절하다고 생각해요? 어쩌면 무리하거나 무책임하게 일을 벌인다고 느낄 수도 있었을 텐데.

누리 저는 아직 오래 한 게 아니라서 깊이 알지는 못해요. 그래도 지나고 보면 일이 되어 있으니까 아, 일이 되는구나, 쌓여가는구나, 그런 느낌. 괜찮은 것 같아요. 누가 일방적으로 책임을 져야 하는 건 아니지 않나요? 같이 하는 거니까.

나비 자연스럽게 일을 벌이고 자연스럽게 받아들이는 분위기. 무리하게 강요하지 않아요. 기획하는 세 명은 본인들이 직접 몸을 쓰고 일을 많이 하니까 딱히 저희한테 떠맡기는 건 없었어요.

현숙 저도 처음에는 좀 의구심이 있었어요. 신문도 턱 만들지, 펀드도 한다 그러지. 특히 임현택, 조아신 두 사람이 동시다발로 일을 너무 많이 하니까 걱정하긴 했어요. 그렇게 벌이는 일마다 다 끼어 있다가 좀 자리 잡으면 빠지는데, 그게 인큐베이팅인 것 같아요. 그런 역할을 저 사람들은 항상 생각했던 거 같고. 어떨 때는 성공하고 어떤 경우에는 실패로 드러나지만, 그런 결과가 세 사람의 책임은 아니라고 생각해요. "책임져!"라고 할 만큼 무책임하게 한 적은 없어요. 오히려 무리한다고 생각할 만큼 계속 뒷받침해주었죠. 보수가 있는 것도 아닌 데도요.

그래도 결과적으로 보면 본인들도 크게 무리를 하지는 않은 듯해요. 일단 해보다가 어려운 상황과 조건이 되면 그쯤에서 정

토닥에서 열린 건축 강좌

리도 하고 그러니까, 같이 했던 사람들에게 오롯이 피해가 가진 않았어요.

나비 잘되었든 아니든, 기획한 일은 대체로 3년 이상씩 다 했으니까, 할 만큼 한 거 같아요. 다 자기 시간 쪼개서 해온 일들이고요. 실무를 잘하니까 사람들이 뭔가 하려고 하는 시점에 그 세 사람을 찾을 때가 많죠.

현숙 일이 참 기획 단계가 쉽지 않잖아요. 일단 시작해놓으면 할 수 있는데, 구체적으로 어떻게 실행하느냐가 쉽지 않아요. 그걸 잘하는 사람들이라 그 부분에서 좋은 경험을 하게 해줘요.

일에 관한 권한, 결정권 같은 걸 더 갖고 싶지는 않아요?

현숙 저는 그런 스타일이 아닌 거 같아요. 오히려 권한을 더 줄이고 싶지. 그래서 줄였고요. 뭔가 변화를 줘야 할지 않을까 생각한

적도 있는데, 그걸 실제로 하는 건 제 영역을 넘어서는 터라 잘할
수 있는 사람이 있다면 넘기자고 생각했어요.

누리 제 경우엔 좀 더 권한을 달라고 하면 줄 거라 생각해요. 제
가 아직 준비가 안 돼서 그런 거지…. 지금은 이 상태가 좋아요.
이음에서 맡고 있는 직무는 홍보인데, 전에 경험이 없어서 배우
면서 해야 하거든요. 그런데 서두르지 않고 천천히 지켜봐주니
까 저도 그런 마음으로 해야지 싶고.

나비 저는 의도하진 않았지만 역할이 좀 무거워져서, 뭘 더 해야
하지 않을까 생각은 하고 있어요. 기획을 한다든가 강의를 짠다
든가 그런 것까지는 어렵지만, 판매하는 메뉴 같은 건 좀 짜봐야
지, 바꿔봐야지 생각은 해요. 그렇지만 쉽지 않아요. 이음의 회계
일을 맡은 것도 부담이 되고. 그날그날 생각한 만큼 일을 해내면
그렇게 부담이 없을 텐데, 지금은 나가서 뭔가를 했어야만 했는
데 안 하고 온 느낌이 좀 들어요. 그렇다고 들여다보고만 있는다
고 해서 할 수 있는 것도 아니고요. 고민이죠.

토닥이나 이음이 지금처럼 계속 갈 수 있다고 생각하나요?

나비 그런 생각은 많이 해요. 이 상태로 계속 나갈 수 있을까. 그
런데 만약 지속할 수 없다면, 그래도 받아들일 수 있을 것 같아
요. 그건 흐름이니까요. 아쉬울 수는 있겠지만.

　운영 상황은 비슷하게 그럭저럭 이어지고 있어요. 아주 힘들
거나 무리하지는 않는 정도로.

현숙 사실 한 1년 갈까 싶었으니까…. 저희는 항상 그랬어요. '목

토닥의 구성원 나비와 누리

표는 이러한데, 중간에 안 되면 무리하지 않고 문 닫는다.' 그런 마음으로 해왔고, 지금도 회의할 때마다 얘기해요. 여전히 잡아 나가고 있어요.

나비 저는 길면 3년 정도 예상했는데, 운이 좋았거나 타이밍이 좋아서 5년 이상 지속하고 있다고 생각해요. 처음에 하루 매상이 5천 원, 2만 9천 원, 이럴 때는 아슬아슬했어요. 하지만 여름 지나면서 매상이 오르고 이런저런 활동을 하면서 수입이 늘었고, 급여도 1년 이내에 약속한 금액으로 맞춰주었어요. 이 시골에서 최저 임금보다 높은 급여를 받을 수 있는 일이 드문데, 그런 걸 지켜주는 데 대해서는 신뢰가 있어요.

그래도 안정적인 일자리라고 말하기는 어려운 상황이잖아요.

나비 내 뜻대로 되는 건 아무것도 없다, 그런 생각을 해요. 토닥에서도 내 일자리가 없어지면 어떡하지 하는 생각은 해본 적이 없어요. 삶이 항상 불안하기 때문에. 지금도 아주 안정되었다고는 생각지 않아요. 언제든 다른 일을 하거나 다른 데로 갈 수도 있으니까.

현숙 나도 크게 의존하지 않아요. 토닥에 나의 삶을 맡기는 건 아니에요. 내년 정도에 구상하는 일이 있어 다른 사람이 들어올 수도 있고, 토닥이 없어질 수도 있고…. 그걸 염두에 둬요. 지난 시간은 이미 지난 대로 의미가 있고. 계속 보람 있었으니까요. 나비와 저 둘 다 그런 스타일이라 스트레스가 별로 없었지 싶어요. 그게 안 맞으면 정말 힘들잖아요.

나비 토닥이 없어진다면 하는 가정은 해본 적이 없는데…. 그동안 토닥의 성격이 달라진 것처럼, 어느 시점에서는 마을에서 카페로서 이 공간이 더 필요치 않게 될 수도 있어요. 그렇게 되면 또 성격을 바꿔서 다르게 해나갈 수도 있으리라 생각하고. 그때 제가 계속 할지는 모르지만요.

누리 일자리로서는 이왕이면 안정적이면 좋죠. 그렇지만 어쩔 수 없지 않나요. 언제고 토닥이 없어지거나 이음이 없어지거나 한대도 누군가 책임져야 하거나 그런 건 아니잖아요.

나비 혹시나 그런 상황이 된다고 해도 개인에게 부담을 주거나 크게 상처를 주는 식으로 마무리될 거라고 생각하지 않아요.

누리 안 망해봐서 모르긴 하지만요.

지리산문화공간 토닥

마을에서의 배움과 소통, 나눔의 문화공간을 만들고 이 공간을 통해 지리산에서의 새로운 실험들을 촉진시키기 위한 목적으로 2012년 6월, '지리산문화공간 토닥'이라는 단체를 창립했다. 마을에 카페형 문화공간을 만드는 일을 가장 우선적으로 추진하여 2012년 10월, 산내면 소재지에 마을 카페 토닥의 문을 열었다. 개인 사업자가 아니라 마을의 공적 자산으로 유지하기 위한 계획을 갖고 주민 두 명이 출자해 토지와 건물을 매입하고, 수많은 마을 주민과 외부 지지자들의 후원으로 공간을 조성하고 운영해왔다. 2017년 사회적협동조합 '지리산이음'에 자산을 기부해 공공자산화하되, 운영 독립성은 유지하는 형태로 전환했다. 월요일을 제외하고 매일 오전 10시부터 저녁 9시까지 운영한다.

토닥이 걸어온 길
2012년 6월 비영리단체 지리산문화공간 설립
2012년 10월 지리산문화공간 토닥 개관
2013~2016년 여행자를 위한 게스트하우스 운영
2017년 11월 개인 자산이던 토지 및 건물 자산을 '지리산이음'에 기부

누군가에게 고향을 만들어주는 일

시골살이학교 운영진 좌담회
_나무, 류순영, 이주승, 임현택, 조아신

시골살이학교는 지리산이음이 지원이나 연계 형태가 아니라 직접 추진하는 몇 안 되는 사업 중 하나다. 해마다 봄 또는 가을에 전국 각지에서 찾아온 열 명 남짓한 참가자들이 일주일동안 먹고, 자고, 일하고, 대화하며 시골살이를 입체적으로 경험한다. 기획과 강의는 외부 전문가가 아니라 산내 마을 주민이 직접 맡는다.

5년째 이어오는 이 일에 꾸준히 함께하고 있는 주민들의 속마음은 어떨까? 그 궁금증을 풀기 위해 나무, 류순영, 이주승 등 강사 세 명과 진행을 맡는 임현택, 조아신이 한자리에 모였다. 해가 빨리 저물어 캄캄한 늦가을 밤, 한옥 게스트하우스 달팽이의 아늑한 주방이 온기로 가득 찼다.

세 분은 어떻게 산내로 오게 되었나요?

이주승 서른 즈음에 농사짓고 살려고 실상사 귀농학교 2기에 참여했어요. 그때는 3개월 숙식 과정이었어요. 끝나고 실상사 농장에서 지내다가 결혼하고 아이들 키우고. 지금은 농사도 짓고 집 짓는 일도 해요. 원래 기술자가 아니고 여기 와서 살면서 익힌 기술이에요. 내 집 고치다가 옆에 집 고치고, 그러다 집 짓고 이렇게 된 거죠.

나무 저도 농사지으며 살고 싶었어요. 결혼해서 서울에 살고 있었는데, 고향이 산청이라서 일단 혼자 산청으로 내려왔어요. 농사에 관해 아무것도 모르고 온 건 아니었던 셈이죠. 그냥 좀 덜 먹고 말자 하는 생각으로 왔어요. 지내보니까 돈을 버는 일보다는 생태적인 쪽에 관심이 생겨서, 그러니까 농약 치지 않고 농사 짓고 싶어서 알아보다가 산내로 옮겨왔어요. 그렇게 몇 년 지내고 이제 가족이 함께 살 집 짓는 중입니다.

한옥 게스트하우스 달팽이

류순영 주승 씨처럼 저도 귀농학교 다녔어요. 두 달 합숙 과정에 가족이 함께 참여했어요. 제가 우겨서 내려온 거지만 되게 행복하게 잘 지냈죠. 도시에 살 때 남편이 직장 다니며 스트레스가 너무 심했어요. 아기 한 번 안아주지도 못하고 새벽에 나가서 밤늦게 들어왔어요. 과로사하지 않을까 걱정스러울 정도였죠. 아이들이랑 아파트에 살면서 층간소음 걱정하는 것도 힘들었어요. 생협에서 일하면서 시골에 살아볼까 하는 자극을 받기도 했고, 가족들 마음 편하게 건강하게 살면 좋겠다는 생각에 기꺼운 마음으로 시골에 왔어요. 지금은 직접 지은 한옥에서 게스트하우스를 운영해요.

'귀농 1세대'라는 말을 종종 들었어요. 아마도 세 분 다 그 세대라고 할 수 있을 듯한데요, 최근 귀농 귀촌하시는 분들과 다른 점을 느끼세요?

류순영 좀 달라진 것 같긴 해요. 저희가 귀농할 때는 오면서 바로 땅을 사거나 집을 짓는 경우는 드물었어요. 살아보고 그 마을이 나랑 맞는지, 시골이 어떤지 봐야 알잖아요. 그게 요즘은 바뀐 것 같아요.

이주승 우리는 준비 없이 결심만 하고 왔죠. 지금은 지원금도 잘 찾아보고, 교육도 다양하게 찾아다니더라고요. 그만큼 교육이 많아요. 인터넷에 정보도 많고, 귀농 귀촌 교육도 많고, 자료도 쌓여 있고. 어찌 보면 그래서 쉽게 못 올 수도 있어요. 정보가 많으니까 구체적인 고민이 많을 거예요.

나무 시골을 접하는 경로도 달라졌죠. 예전에는 사회 운동, 생태

시골살이학교에서 농사를 배우는 참가자들

운동 흐름에서 왔다면 지금은 다양하게 확 열렸달까요. 건강, 육아, 노후…. 오는 이유가 많이 달라요. 지원 체계나 지역 특성도 영향을 많이 끼치고. 그러니까 실제로 오는 사람은 딱 정해서 와요. 그래서 오자마자 땅을 사고 집을 짓는 거지요.

류순영 귀농 초기에는 귀농자 모으면 버스 두 대면 다 탈 정도였대요. 서로 다 알고. 그러다가 이제는 동네에 모르는 사람들이 늘고, 나는 모르는데 서로 친해 보이는 걸 보면 서운함을 느낀다는 사람도 있어요. 이제 그 시기도 지나고 나니까 지금은 서로 몰라도 잘 살고 있겠거니, 좋은 인연이 되는 날이 있겠거니 생각하게 되었어요.

나무 산내만 보면, 처음에 귀농학교 만든 인드라망이 구심점 역할을 했었는데 지금은 지리산이음 포함해서 여러 단체들이 있어서 접점이 많아요. 동아줄이 하나만 있다가 여러 개로 늘어난 거죠.

류순영 맞아요. 요즘은 저희 게스트하우스도 지리산이음 통해서 알게 되었다는 사람이 많아요.

어쩌다가 시골살이학교를 같이 하게 되셨나요?

이주승 조아신이 하자 그러니까.

나무 그렇지. 물론 생각은 조금씩 서로 달랐을 거예요. 실상사 귀농학교가 중단된 상황이었으니까 귀농학교에서 그랬듯 농사 자체에 관심을 두고 구체적으로 알려주고 싶다거나, 더 나아가서 이 일도 하나의 사회 운동으로 바라보는 사람도 있었을 거고. 그런 나름의 생각들이 있었을 텐데, 마을에 같이 살다보니까 '아, 저 사람이랑 이걸 해보면 어떨까?' 하는 감이 와서 다들 그렇게 시작한 게 아닐지.

조아신 아이디어는 간단했어요. 보통 두려움이 있잖아요. 시골 가면 어떻게 살지? 내가 꼭 농사를 지어야 하나? 귀농이라고 하면 오십 넘어서 특용작물 딱 하나 지어서 돈 벌고 그래야 살 수 있다고 생각하는 경향도 있고. 그런 걸 좀 넘어보고 싶었어요. 그냥 며칠 와 있으면서 농사도 경험하고, 농사짓지 않고도 시골에서 잘 사는 사람들도 만나보고 그러면 어떨까. 무조건 시골에 와서 살라는 건 아니지만 시골살이를 너무 어렵게 생각하지도 않았으면 하는 마음이 컸죠.

시골살이학교에 참가한 사람들

류순영 일주일 살아본다고 시골 와서 살겠다고 결심하면 그게
더 이상하지 않아요? 궁금하면 누구나 가볍게 두드려볼 수 있는
프로그램이 있으면 좋죠. 시골살이학교가 그 기회를 준다고 생
각해요. 재밌기도 하고.

나무 시골 오면 모두 농사지으라고 하는 건 말이 안 돼요. 해보면
정말 힘들어요. 농사를 기존에 하듯이 수확량, 금액 등등 따지면,
저는 못 해요. 그보다는 내가 원하는 방식으로 농사를 짓고, 그걸
나눌 사람들이 있다는 게 소중해요. 같이 먹고, 나누고, 이야기
들어주고 그런 사람들. 가치의 기준이 다른 거겠죠. 그래서 저는
농사는 짓지 않아도 되는데, 농촌과 농사에 대해 좀 알았으면 좋
겠다, 국내뿐 아니라 전 세계적으로 어떤 상황인지도 좀 알면 좋
겠다고 생각해요. 교육 목적에서 농사나 시골살이를 가르친다는

개념만이 아니라 서로 만나고 대화하는 걸 중시하는 프로그램을 상상한 거죠.

역할 분담은 어떻게 하시나요?

이주승 우리 셋(나무, 류순영, 이주승)은 강사를 맡아요. 이음의 일 잘하는 두 사람(임현택, 조아신)이 홍보, 모집, 진행 등을 해주고. 첫해는 산내에 살고 있는 고은정 씨가 해주었고, 두 번째부터 류순영 씨가 맡아서 지금까지 셋이 쭉 함께 하고 있어요. 그렇다고 딱 각자 역할만 하는 게 아니라 연초에 다섯 명이 모여서 계획 세우고, 참가 신청 들어오면 선발도 함께 하고, 현장에서 서로 챙기는 과정을 다 같이 하죠. 그런 호흡이, 같이 해나가는 게 좋아요.

류순영 강사라고는 하지만 생각해보면 전문가라고 할 사람은 없고, 정말 좋아서 하는 사람들이에요. 집 고치는 일, 농사, 요리 같은 걸 좋아하고 함께 하는 것도 좋아해요. 내가 이 일에 정말 전문성을 갖고 있나 생각해보면 그렇지는 않지만, 같이 어울려서 하는 걸 좋아하는 거예요. 각자 그런 일에 대한 갈증이 있었는데 시골살이학교 오는 사람들이랑 함께 할 수 있으니 더 좋았던 거죠. 15년 전 귀농할 때 제 상황이 떠오르기도 하고. 시대가 바뀌었어도 제 경험에서 해줄 얘기가 있으면 하고, 서로 배우고.

조아신 강사를 외부에서 초청하지 않고 반드시 지역 주민이 맡는 게 특징이라고 할 수 있어요. 여기서만 경험할 수 있고 접할 수 있는 기회를 주려고 했죠. 강사진은 이분들이 쭉 같이 하고 있

시골살이학교에서 요리를 가르치는 류순영(위)과 함께 만든 요리(아래)

고, 사람책(자신이 살아온 삶의 이야기를 들려주는 사람)은 그때그때 바뀌지만 다 마을에서 나름의 삶을 가꾸는 분들로 해요. 물론 사람책 맡아주시는 분들은 기획부터 함께 했던 강사들에 비해서는 프로그램에 대한 공감도가 낮아서 약간 어색했던 적도 있긴 해요. 그런 건 좀 잘 챙겼어야 했는데.

각자 전담 과목이 있으신가요?

류순영 저는 요리를 맡고 있어요. 가르치는 형태는 아니고 함께

시골살이학교에서 농사를 가르치는 나무(노란 옷 입은 이)

소통하는 방식이에요. 그냥 같이 산나물 뜯고 제철음식 해서 먹어보고.

나무 참가자들이 요리 수업을 제일 좋아해요.

류순영 제가 요리를 잘하는 편은 아니에요. 손도 느리고. 오죽하면 게스트하우스 이름이 달팽이겠어요. 그래도 재밌고, 사람들 만나서 요리하면 즐거워요. 저는 시골 와서 요리를 좋아하게 되었는데, 생각보다 마을에서 같이 할 사람이 많지 않아요. 산내에는 글을 쓰거나 모임을 하거나, 밖에서 하는 활동을 좋아하는 사람이 훨씬 많아요. 다들 그런 일로 바쁘다보니 요리나 살림할 시간이 부족해서 누가 반찬 좀 만들어주면 좋겠다는 말이 나오기도 했어요. 그래서 실제로 반찬 만드는 모임도 생겼죠.

요리는 좀 예쁘게 하는 걸 좋아해요. 때로 옛날 어른들이 했던 거 찾아보면 정성이 들어간 음식들이 많아요. 재밌고 신기하고 맛있고. 외부에서 그런 걸 계절마다 모여서 배우는 프로그램에도 참여하고 있어요.

나무 저는 농사를 맡았는데, 농사가 생명과 관련된 거잖아요. 그런 이야기를 많이 하는 편이에요. 건강한 먹을거리가 나쁜 아니라 사회적 연대, 국가 체계 같은 것과 밀접한 관계가 있다고 생각해요. 그런 문제를 알고 같이 얘기하고, 돌아가서 이웃들과 이야기 나누면서 소비 형태도 좀 바꿀 수 있는 마음만 얻어도 의미 있지 않을까 싶어서.

중간에 누워서 숨쉬기도 해요. 다들 하루에 자기 몸을 돌아볼 시간이 별로 없잖아요. 딱 앉아서 가부좌하고 그런 게 아니라 가만히 누워서라도 심호흡하면서 어떻게 숨 쉬고 있는지 점검해보고, 내 몸에 대해 느껴보자는 거죠.

그리고 실제 농사도 같이 하지요. 잘 못해도 상관없어요. 뭐 나도 잘 못하니까…. 혹시 그해 농사를 망치면 시골살이학교 때문이라고 핑계대기도 좋고. 가을에 수확하면 서로 나누고.

류순영 그래서인가, 특히 나무는 프로그램 끝나고 나서도 사람들이 많이 찾아요. 농사 잘 못해도 뭐라고 하기보다는 놀며 쉬며 같이 해보는 점이 좋아서일 거예요. 그러니까 나중에도 놀러 오면 꼭 연락해서 같이 술 마시고 대화하고. 그런 관계 맺기가 부럽기도 해요.

이주승 저는 생활기술을 알려줘요. 집이라든지, 에너지라든지.

요즘 본격적인 귀농 귀촌 교육은 지방자치단체 같은 데서도 많이 하고, 저도 외부 의뢰 받아서 강의를 할 때도 있는데, 사실은 그런 것보다 일상적인 기술이 더 필요하다 싶어요. 제가 건축 일을 해보니까 사람들이 시골에서 필요한 기술을 너무 모르는 거예요. 뭐가 하나라도 고장이 나면 해결을 못하는데, 막상 봐주러 가 보면 의외로 단순한 문제여서 안타까울 때가 많아요. 도시에서는 사람 부르면 된다지만 시골에서는 부를 사람이 없으니까 고생을 하죠.

나무 그런 기술이라는 게 마치 퀴즈 같아요. 답을 알면 쉬운데 알기까지가 너무 어려워요.

이주승 동네에 몇 번 그런 수업을 해보자고 제안을 했는데 기회가 잘 안 생겼어요. 그 무렵에 실상사 귀농학교가 중단되기도 했고. 그러다가 이 친구들에게서 비슷한 제안이 온 거예요. 그럼 해봅시다, 했죠.

임현택 2012년, 토닥 만들면서 마을에서 적정기술 가지고 뭐 해보자고 하던 시기예요. 난로 만들기 워크숍이 그래서 나왔어요.

조아신 집 짓는 걸 알려줄 때는 슬라이드 보면서 시골에 집이 어떤 것들이 있는지 설명해주고, 같이 동네 다니면서 직접 지은 집도 보여주고 그러니까 재밌었죠.

그렇게 생각한 것을 실제로 기획해서 해보니까 잘되던가요?

임현택 기획이라기보다는 처음 그렸던 그림은 농활+사람책이었어요.

시골살이학교에서 생활기술을 가르치는 주승

이주승 프로그램을 어떻게 하면 좋을지 감을 갖고 시작한 게 아니라서, 첫 회는 거의 일 위주로 많이 했죠. 농사일만 계속. (어떤 작업을 했나요?) 뭐 옥수수 따고, 토마토 따고… 아무튼 오전에는 그런 일을 하고, 오후에는 사람책으로 여기 먼저 살고 있는 사람들 농사짓는 이야기, 사는 이야기 듣고. 그런 일정이었으니 빡빡했어요.

임현택 더운 8월에 일주일 휴가 반납하고 와야 하는 일정으로 짰거든요. 그렇게 일단 하고 나서 평가를 해보니까 아, 안되겠다 싶어서 봄가을로 바꾸자고 했어요.

이주승 그러고 보니 오신 분들은 그때가 제일 좋았다고는 하던데.

나무 그다음에는 봄가을 두 번 했어요. 봄에는 손모내기하고 가을에는 추수하고. 그 후로는 해마다 봄에 해서 6기까지 왔네요.

류순영 참가자들이 여름에 심화과정 하자는 얘기도 해요.

나무 아이고, 여름에 뭐 하는 거 너무 힘들어요.

임현택 기획이나 재정도 신경 써야 하고. 아름다운재단 인큐베이팅 끝나기 전에는 예산을 좀 마련해서 1~4기 통합 과정을 한 번 했어요. 그렇게 서로 섞이는 기회를 또 만들어보면 재밌긴 할 텐데요.

지금까지 해오면서 아쉬운 점이나 문제점이 있었나요?

이주승, 류순영 없어요, 그런 거는.

조아신 다들 이견이 있으면 조정해서 가면 된다고 생각하는 편이에요. 주장을 관철시키려고 힘 빼지는 않아요.

나무 굳이 말하자면 하나 좀 예민한 문제가 있어요. 각 기수마다 우리가 관여하기 어려운 나름의 분위기가 있거든요. 우리가

시골살이학교에서 휴식하는 사람들

기대하는 건 참가자들이 여기서 지내면서 지역도 좀 느끼고 사람도 다양하게 만나고 그걸 즐거운 마음으로 느끼고 가져가는 거예요. 그런데 생각지 못했던 대화의 단절 같은 게 생길 때가 있어요. 그냥 내향적인 성격인 사람이 많아서라거나, 당연한 일일 수도 있는데… 참 미묘해요. 개별적으로 얘기해보면 재밌고 좋다고 하는데 전체 분위기는 조금 막혀 있다고 느낄 때.

조아신 운영진이 하나하나 챙기고 들여다보고 그러질 않고 그냥 프로그램 끝나면 쉬라고, 알아서 놀라고 두는데 그게 아쉬울 수 있어요. 거꾸로 그래서 좋다는 평도 있지만. 조금만 더 세심하면 좋겠다고 생각하는데 그렇게 하면 너무 힘들 것 같아서….

나무 장단점이 있어요. 딱 일주일 하는 건데 깊숙이 관여하긴 힘들어요. 다만 분위기가 생각보다 무겁다거나 하면 중간에 한 번쯤 논의를 하거나 그럴 수 있지 않을까.

이주승 사실 나무가 그런 부분을 개인적으로 채워주기도 해요. 자주 들여다보고, 친근하게 대하고.

최근에 프로그램에 변화를 주었다고 하셨는데, 어떤 게 바뀌었나요?

류순영 이번뿐만 아니라 기수별로 조금씩 변화가 있어요.

임현택 그렇죠. 사람책 하고 나서 관심 있는 사람 집에 가서 홈스테이를 한 적도 있고.

이주승 올해 특별히 바꾼 건, 세 사람이 따로따로 과별로 진행해본 거예요. 아예 참가 신청할 때부터 선택하게 했죠. 제목도 각자 지었어요. 나무는 '논두렁밭두렁학과', 저는 '슬기로운 잡학기술

학과', 순영씨는 '쑥덕쑥덕학과'. 그래서 이틀 정도는 세 모둠으로 나뉘어 그것만 중점적으로 하고, 그다음에는 다 같이 모여서 하고.

조아신 시골살이학교가 전체를 아우르는 교양처럼 되어 있는데, 생활기술, 농사, 음식을 각자 좀 더 집중할 수 있을지 확인해보고 싶었어요.

류순영 그런데 막상 나누니까 다른 데는 어떻게 하는지 너무 궁금하더라고요.

이주승 맞아, 너무 궁금해서 낮에는 어쩔 수 없다 쳐도 저녁에는 꼭 가서 분위기 들여다보고 그랬죠.

시골살이학교는 지리산이음의 활동 중에서 들이는 품에 비해 대상자가 특히 적은 프로그램인데요, 어떤 성과가 있다고 생각하세요?

임현택 성과를 이야기해본 적은 별로 없어요. 끝나고 회의하듯 평가하지는 않고 간단히 회고 정도만 하고 다음 해에 그걸 참고해서 계획을 잡는 식이에요. 매회 기록집을 남겨두긴 했지만 반응을 일일이 분석해보진 않았어요. 군이 의미를 찾아보자면, 최근에 귀농 귀촌 프로그램이 많이 늘었지만, 귀농이나 귀촌이라는 단어 대신에 '시골살이'라는 명칭을 붙인 건 우리가 처음이 아니었나 싶어요. 현재 젊은 세대는 도시에서만 산 사람이 많아서 시골로 '돌아간다'는 표현은 맞지 않을 수 있어요. 그래서 시골을 경험해보는 것 자체를 목적으로 한 거죠.

류순영 어쩌다 낯선 분들 만나면 여지없이 "뭐 먹고살아요? 어떻게 살아요?"라고 질문을 해요. 나는 15년 전에 뭐 먹고살까 고민했나? 안 했던 것 같아요. 귀농학교는 정말 도시 생활이나 피로에 극한으로 몰려서 온 사람들이 있었거든요. 저희 가족도 그랬고.

다행히 시골살이학교는 안정감 있게 이것저것 모색하는 사람이 많아요. 비교적 가볍게 좀 쉬러 오는 듯한 느낌으로 오고, 설사 무겁게 오더라도 여기 분위기가 느슨하니까 막 몰리지는 않는 듯해요.

이주승 와서 경험을 해보면 환상을 가졌던 사람들은 그걸 깨기도 하고, 반대로 와보니까 나름 할 만하겠다는 사람도 있고 그래요.

나무 참가자 중에 실제로 다른 지역으로 귀농한 사람도 한 명 있어요.

조아신 일시적이지만 시골에서 살아보기를 시도하신 분들도 있고.

이주승 대상 인원이 적다고 하지만 내용은 오히려 집중적이에요. 불특정 다수가 몰려왔다가 훅 가는 게 아니라, 관심이 강한 사람이 오니까 집중도도 높고 관계도 오래가죠.

나무 비교를 하자면 이런 거예요. 예를 들어 3박 4일 동안 백여 명이 왔다 가는 지리산포럼은 아름다운 경치가 있는 호수 같다면, 시골살이학교는 마을 한가운데 있는 우물 같아요. 그걸 우리가 같이 파는 거죠. 호수는 아름답지만, 갈증 날 때 호수 가서 물 먹지 않잖아요. 우물이 필요한 거죠.

그 우물을 함께 파고, 물을 마신 분들의 반응이 궁금하네요.

이주승 우리 프로그램 참가자들은 다들 자발적으로 오고, 열정이 강해요. 수료한다고 점수 주는 것도 없는데 자기 돈 내고 자기 시간 내서 와요. 그런 사람들과 같이하는 게 좋고, 프로그램이나 운영 방식도 우리가 직접 정하니까 재밌어요. 그리고 실무 감각 뛰어난 운영진이 일이 잘되도록 딱 받쳐주니까.

조아신 "우리 프로그램"이라고 표현하는군요.

이주승 그렇죠. 남이 기획한 것도 아니고, 행정기관 지원 받아서 하는 것도 아니니까요. 이 사람들과 일할 때는 설사 돈이 안 되거나 재능 기부를 해야 하더라도 크게 상관없어요. 소모되면서까지 하는 건 바람직하지 않지만, 기꺼운 마음으로 함께할 수 있다면 괜찮다고 생각해요.

류순영 프로그램 끝난 뒤에도 참가자들이 저희 집으로 여행을 와요. 게스트하우스를 하니까. 그렇게 와서 마을에서 연락해서 만날 사람이 적어도 열 명은 돼요. 사람책으로 만난 주민들이나 저희 강사들까지 해서.

나무 그런 끈을 각자 조금씩 갖고 있는 거죠. 여행 와서 서로 연락하고, 같이 산행도 하고. 기수별로 같이 오기도 하고 다른 기수가 서로 섞이기도 해요. 어쨌거나 편하게 온다는 느낌이에요. 1기부터 6기까지 누구누구, 몇 명, 이런 거 딱 기록해놓고 기억하고 그러지 않지만 누가 놀러 온다 그러면 바로 기억이 나요. 오면 반갑게 만나고. 가족 같달까. 가족이 뭐 명단 짜놓고 그러지 않잖아요.

류순영 일주일 동안 열 몇 명에게 고향을 만들어주는 느낌? 산내

시골살이학교 회의 모습

가 고향 같다고들 하더라고요. 여름 휴가도 이리 오고, 가족이나 동료와 같이 놀러 오고. 그렇게 가족이 확장되는 느낌이에요.

조아신 그 열 몇 명이 해마다 쌓이니까 벌써 70~80명 되고, 서로 관계 맺으니까 점점 확장되는 건 맞아요.

나무 우리는 서로 가치나 철학을 앞세우지는 않아요. 의미 부여하고 평가하는 건 크게 중요하지 않아요. 그런 건 우리가 모여서 실제로 하는 일, 활동에서 나온다고 생각해요. 각자가 갖고 있는 지향을 조금씩 내놓고 서로 맞추고, 실행하고. 그런 활동이 모여서 시골살이학교가 되죠. 얼마나 갈지는 모르지만 아직은 이 방식이 유효하다고 생각해요. 앞으로 다양한 시도를 하면서 다른 것이 또 나올 수도 있을 텐데 그걸 미리 짐작할 수는 없으니까요. 살아가면서 직접 해나가는 거죠.

앞으로 해보고 싶은 "다양한 시도"는 어떤 것이 있을까요?

이주승 어찌 되었건 좀 재밌게 하고 싶어요. 아예 특집으로 시골살이 재미학교를 하자는 얘기도 있었어요. 가볍게 접근할 수 있는 방법이 뭘까 늘 고민하는데, 가끔 워크숍 해보면 사람들이 너무 좋아해요. 기계는 무섭고 어려워하지만 가위만 가지고 만들 수 있는 걸 하면 누구나 재밌어하더라고요. 좀 더 쉽고 실용적인 물건을 만드는 수업을 해보고 싶어요.

조아신 내년에 한번 기획을 해볼까요? 시골살이 특별 프로그램으로.

나무 시골 갈 때 여러 가지 조건이 있잖아요. 생계나 교육, 문화도 있지만 놀이도 정말 중요한 요소예요. 지내다 보니 그런 게 느껴져요. 농촌 가면 뭐 해서 먹고사는지만이 아니라 뭐 하고 노나, 그런 것도 많이들 물어보거든요. 저희 정말 재밌게 놀아요. 자연도 즐기고, 기타 치고 노래하고, 춤도 추고, 비 오면 모여서 전 부쳐 먹고.

이주승 봄에는 쑥이 나오니까 쑥떡 해 먹고, 여름에 천렵도 좀 하고, 가을에는 또 뭐 다른 거 하고. 눈이 왔다 하면 스윽 이웃집 가서 막걸리 달라고 해서 하루 종일 마시고 놀고.

류순영 시골이라도 바쁜 동네도 있어요. 농사를 크게 하거나 장사하거나 관광으로 먹고살면 눈코 뜰 새 없이 사는 경우가 있죠. 하지만 산내는 그렇지 않아요. 서로 뭐 하고 사나 모를 정도로 느긋하게 지내는 사람들이 있고. 그래도 이리저리 만나면서 재밌게 살아요. 안 굶고.

나무 마을 사람 중심으로 강사를 꾸린 것처럼, 사람들이 와서 직접 느껴보고, 같이 놀아볼 기회를 제공해주고 싶어요.

지리산 시골살이학교

시골살이에 필요한 정보와 지식에는 무엇이 있고, 어떤 자세와 경험, 기술이 필요한지를 두루두루 살펴볼 수 있는 학교로서 지리산이음이 2014년에 처음 시작했다. 귀농과 귀촌의 틀을 벗어나 시골에 사는 것이 특별한 삶이거나 도시를 탈출하는 부정적 선택이 아니라, 우리가 언제든지 택할 수 있는 삶의 방식 중 하나라는 것을 인식하고 시골살이에 대한 두려움을 없애주는 학교, 시골에서 농사 외에 다양한 직업을 가지고 살아가는 사람들, 오래전부터 시골살이를 해온 사람들과의 만남을 통해 선택의 폭을 넓혀주는 학교를 지향한다.

2018년까지 총 6회 진행했고, 각 기수별 수료생들이 자발적으로 만남의 시간을 이어가고 있다.

제3장

단절 또는 확장,
그 사이에서

현재 우리 사회를 구성하는 대부분의 제도와 문화를 만들어낸
20세기는 효율성과 규모의 경제가 중요한 시대였다.
위에서 아래로 내리꽂히는 위계적인 조직 구조,
다수를 대변하는 대표자의 존재감, 선과 악 또는 좌와 우를
선명히 대립시키는 사고방식 등이
그런 시대적 배경에서 정당화되고, 강화되었다.
그러나 21세기에 접어들면서 조금씩 다른 목소리가 힘을 얻고 있다.
누군가가 대표하지 않아도, 단단한 구조에 의존하지 않아도,
동등하고 자유로운 개인이 있는 그대로 공존할 방법이 있지 않을까?
그런 생각이 지리적, 정치적 중심 구조를 흔들고, 성, 연령, 인종,
교육 수준 등에 기반한 차별에 저항하는 새로운 흐름을 만들고 있다.
지리산이음의 발자취를 따라오는 동안 나는 서울이 아닌 지역에서,
성과가 아닌 공감으로, 위계가 아닌 관계로 세상을 바꾸려는 이들의
시도가 사람들에게 어떤 울림과 감동을 주었는지를 익히 들었다.
하지만 세상에 완벽한 운동이란 게 어디 있겠나.
마음은 먹었으나 하지 못한 일들, 미처 생각하지 못해
저지른 실수와 실패에 관한 이야기도 들어보고 싶었다.
다행히 작업 후반부에 만난 두 사람으로부터
약간이나마 힌트를 얻을 수 있었다.
그들에게서 단절 또는 확장, 그 사이에서 겪은 고민과 기대를 들어보았다.

변화가 필요한 시기,
여성주의로 다시 만나기

_정상순

월요일 오후 무렵, 히말라야 카페에는 손님이 많았다. 카페 토닥이 문을 열지 않는 날이기도 하지만 어쩐지 오늘의 만남은 토닥이 아닌 다른 곳이 좋을 듯했다. 북적이는 실내에 들어서자, 햇빛 쏟아지는 창가에 혼자 앉은 정상순의 뒷모습이 보였다.

"무슨 이야기를 할 수 있을까 고민하면서 왔어요."

자리를 옮겨 마주 앉자마자 정상순이 말했다. 나는 미리 챙겨온, 내가 가진 유일한 연결고리인 책『시골생활』을 꺼내 들었다. 2014년, 지리산이음이 활동을 시작하면서 진행한 지리산권 커뮤니티 조사 작업의 내용을 정리해 펴낸 책이다. 정상순은 바로 그 책의 저자다.

"책 잘 읽었어요. 쓰실 때 고생 많으셨죠? 그때가 시작이라면 이제 제가 그 뒷이야기를 쓰는 듯한 느낌이에요."

"아휴, 그 책 볼 때마다 당혹스러워요. 나온 지 3, 4년 지났는데 그때와 지금의 제가 많이 다르거든요."

무안하기보다는 흥미로웠다. 나는 즉시 책을 집어 탁자 밑에 내려놓은 뒤, 자세를 고쳐 잡고 귀를 기울였다.

"그 작업은 저에게 정말 큰 영향을 주었어요. 인터뷰하면서 만난 사람들에게서 힘도 많이 받았고, 무엇보다 임현택, 조아신, 두 사람이 저를 절대적으로 믿어줬거든요. 뭘 써 오면 항상 '원하는 대로 하시라, 믿는다' 그러고. 그게 제가 마을에서 살아가는 데 정말 큰 힘이 되었어요. 그렇지만 생각해보면 그 책은 제 작업이라고 하기가 어려워요."

"어째서 그렇게 느끼시나요?"

"책을 너무 환상 특급처럼 썼다고 생각해요. 장밋빛으로만 그렸죠. 귀농할 때 누가 그러더라고요. 너무 장밋빛 꿈을 꾸지 말라고. 그때 다른 분이 반박하기를, '귀농해서 농사짓고 이렇게 힘들게 사는데 장밋빛 꿈도 못 꾸나?' 했어요. 그 말도 맞는다고 생각해요. 분명 환상이 아니라 여기서 가능한 여러 가지 좋은 일들이 있어요. 그걸 보여주는 작업도 중요하다고 생각해요. 다만 그 책은 너무 환상 일색이었어요. 일 잘하는 사람들이 다 만들어놓은 판에서 저는 기록만 한 것 같아요. 책에 나온 사례 중 상당수는 그사이 없어지기도 하고 변화도 겪었거든요. 나중에라도 기회가 된다면 다시 제대로 기록해보고 싶어요. 하지만 지금은 관심사가 계속 이동 중이어서 가능할지 모르겠어요."

좋은 이야기다. 사람이 뭔가를 한다는 것은 그런 것이다. 그게 무엇이든, 하나의 작업을 통과하면서 자기도 변하고 주위도 변한다. 그 변화를 어떻게 받아들이느냐가 주위의 온도를 바꿀 뿐이다.

그러면 정상순을 이렇게 급격히 바꾸고 있는 에너지는 무엇일까? 그 답은 곧 따라 나왔다.

시골에서 연극하며 글을 쓰는 정상순

"여성주의. 돌아보면 저는 인간이 아니었어요. 여성도 인간인 줄 알았는데 그게 아니었더라고요. 그걸 모르고 여태 남성의 사고방식이 내 것인 줄 알고 살아왔다는 걸 최근에야 깨달았어요."

서울에서 대학 졸업 후 연극을 하던 정상순은 귀농이 한창 화제이던 2002년, 실상사 귀농학교를 통해 산내에 왔다. 대학에서 학생 운동을 열심히 한 것도 아니었고, 당시 분위기처럼 사회 운동이나 생태주의의 연장선에서 귀농을 선택한 것도 아니었다. 그저 어느 날 갑자기, 더는 도시의 속도를 못 따라가겠다고 느꼈을 뿐이다.

"키아누 리브스가 주연한 영화 〈스피드〉를 봤어요. 아, 그 속도를 못 따라가겠더라고요."

지하철 환승역에서 사람들이 막 몰려갈 때는 그 흐름을 견딜 수 없어 옆에 물러서 있었다. 몸에서도 곧 반응이 왔다.

"한동안 아팠어요. 마침 음식물 쓰레기 분리 수거를 시작하던 때였는데, 하루는 집에 와서 보니 무섭더라고요. 이게 다 어디로

정상순이 쓴 책 『시골생활』

갈까 싶어서. 이전까지는 눈에 안 보여서 몰랐다면, 직접 보고 나니 외면할 수가 없었어요. 저걸 땅에 다 버리는 곳으로 가야겠다 생각했죠."

그래서 귀농학교를 찾아갔다. 시골생활은 너무 좋았다. 적어도 처음 1년 동안은 말이다. 음식물 쓰레기를 벗어난 것은 물론이다. 내가 먹은 게 어디로 가는지 알 수 있다니, "이게 사는 거지!"라고 외치며 호미와 고무장갑으로 무장하고 동네를 날아다녔다. 누가 도와달라면 도와주러 가고, 부르지 않아도 필요하겠다 싶은 곳에는 얼른 가서 일손을 보탰다.

1년 후, 다시 몸이 아파왔다. 워낙 낯가림도 심하고, 사람들 사이에 있으면 쉽게 소진되는 자신을 잊고 무리하게 다닌 탓이다. 마을에 행사만 있으면 여자들이 마을회관에 모여 음식이며 설거지를 도맡는 것도 불편했다.

반년 정도를 서울에서 쉬다가 되돌아와서는 집에만 머물렀다. 귀농학교에서 만난 파트너와 결혼했는데, 아이를 낳고 키우면서는 더욱 밖으로 나가지 않았다. 육아 중에는 여기저기서 부르는 일도 줄어, 실상사 작은학교에서 연극을 가르치는 일 외에는 외부 활동을 거의 하지 않았다.

그렇게 두문불출하는 생활을 2012년 무렵까지 했다. 토닥이 문을 열 즈음이었다.

"처음 토닥 만든다고 할 때 되게 냉소적이었어요. '카페는 커피가 맛있어야지' 한마디만 했죠. 그런데 그들 예상이 맞았어요. 아이들 어린이집 보내고 학교 보내면서 자유 시간이 생기니까 집이 아닌 다른 공간이 필요해진 거예요. 아이들도 방과 후 머물 곳이 필요했고. 토닥을 드나들 일이 점점 늘던 차에 마을신문 이야기를 들었어요. 글 쓰는 건 어릴 때부터 좋아했고, 신문 교정할 사람이 필요하다는데 제가 마침 경험도 있으니 큰 고민 없이 같이하기로 했어요. 그렇게 집 밖으로 나오기 시작했어요."

마을신문 모임에 참여해 글을 쓰고, 교정을 보고, 천천히 이웃과 교류하면서 일상이 달라졌다. 바깥 활동이 늘었다. 책『시골 생활』의 인터뷰 작업도 그 과정에서 자연스럽게 맡은 일이었다.

그와 동시에, 정상순의 삶을 크게 바꾸어놓은 또 하나의 만남이 다가왔다. 여성주의 문화기획을 표방하는 단체 '문화기획달'이『지글스』라는 잡지를 창간했다. 지글스는 '지리산에서 글 쓰는 여자들'이라는 뜻으로, '생활 밀착형 B급 교양 문예지'를 표방하는 계간지다.

함께 글을 쓰자길래 그러자 했다. 그때까지만 해도 여자들끼리 모여서 글을 쓴다는 게 어떤 의미가 있을지 크게 공감하지 못했지만, 마을신문과 마찬가지로 좋아하는 일이니 일단 같이 해보기로 했다. 그러면서 오랜만에 여성으로 산다는 것에 관해 깊이 생각했다.

'지리산에서 글 쓰는 여자들', 계간지 『지글스』

"대학 때도 여성학 강의가 있었는데, 그때는 귓등으로 들었어요. 글쓰기를 좋아한다면서 여성 작가의 글은 싫어했고요. 많은 여성이 해온 실수를 저도 반복했어요. 세상의 다른 문제들이 여성 문제보다 더 중요하다고 생각했던 거예요. 연극을 할 때도 심각했어요. 굉장히 가부장적 구조를 띤 집단에 있으면서 아무런 문제를 제기하지 않고 살았어요.

산내 와서 결혼하고 아이를 낳고는 자연 분만, 모유 수유를 엄청 중요하게 생각해서 주변에도 많이 전파했어요. 세제 안 쓰는 습관 같은 것에도 집착하고. 솔직히 자부심을 가졌던 것 같아요. 지금 생각하면 죄악이죠. 평화롭게 살아야지 하고 내려왔는데 계속 사람들을 미워하고 있었더라고요. '괜찮아, 안 죽어. 내가 행복해야 세상도 행복하지'라는 생각하기까지 꽤 걸렸어요."

뚜렷한 목적의식을 찾기보다는 계속 글을 썼다. 그 작업이 생각보다 오래갔다.

2016년 열린 '지리산에서 글 쓰는 여자들' 컨퍼런스에서 『지글스』 편집장 달리는 '여성의 글쓰기'가 갖는 힘을 이렇게 설명했다. "글쓰기는 자기와 가장 내밀하게 만날 수 있는 작업입니다. 욕구를 발견하고, 자기 발화를 실천하고, 그로 인해서 치유를 얻고, 더 많은 새로운 상상을 자기 삶에 끌어오는 것, 그리고 실천하는 것. 이것이 여성으로서 글을 씀으로써 얻는 것이라 생각합니다."(비영리 미디어 컨퍼런스 체인지온@공룡)

2017년 겨울, 16호를 끝으로 『지글스』는 막을 내렸다. 편집진은 여기에 중단이나 폐간이 아닌 '완간'이라는 이름을 붙였다. 4년 동안 열여섯 권의 책을 만들어낸 여성들은 달리가 말한 '글쓰기의 힘'을 얼마나 누렸을까? 적어도 정상순에게 그 힘은 삶의 근간을 흔드는 엄청난 진동으로 작용한 것이 틀림없다.

"어쩌면 그냥 조용한 계간지로 끝났을지도 몰라요. 무언가 변화를 느낀 건 『지글스』 작업 시작하고 중후반 넘어가서였어요. '떴다 수다방'이라고, 모여서 대화한 내용을 기록하는 꼭지가 있었어요.

토닥 뒤에 있는 컨테이너 '재미방'에 모여서 이야기하는데, 일순 정적이 흘렀어요. 그러다 하나둘씩 말을 꺼내더니 갑자기 다들 방언이 터졌어요. 나도, 나도, 하면서. 그동안 마을에 살면서 힘들었던 일들, 말하지 않아서 그렇지 말하니까 어마어마하게 쏟아져 나왔어요. 꼭 이 마을에서가 아니어도 살면서 겪은 폭력이 얼마나 많던지…. 이야기 나누면서 이 일이 정말 중요하다고 느꼈어요."

그 대화는 글 쓰는 여성들을 움직이게 했다. 문화기획달은 설문조사를 진행한 뒤 사례를 정리한 자료집을 만들어 배포했고, 마을에는 논쟁이 일었다. 그리고 정상순은 문화기획달의 대표로 결합했다.

지역에 내려와 살면서 자신이 그렇게 무언가를 대표하는 역할을 하리라고는 전혀 생각하지 못했다. 마을에서 그런 역할은 주로 남자가 맡았고, 자기는 뒤에 물러서 있는 게 습관이 되어 있었다. 그렇다고 자신이 문화기획달을 온전히 대표하는 역할이라고 생각지 않는다. 행정적으로, 실무적으로, 단체에 필요한 부분을 채워줄 뿐, 실제 활동은 활동가들이 도맡고 있다고 강조한다.

"활동가들이 정말 눈부신 활동을 하고 있어요. 최근 벌어지고 있는 미투 운동의 영향도 커요. 마을에서 벌어지는 성희롱, 성추행에 관해 계속 얘기하는데, 관계망이 좁다보니까 도시에서처럼 가해자를 특정해 처벌을 받게 하는 게 참 어려워요. '한 마을에 살면서 왜 분란을 일으키냐'는 말도 듣는데, 사실 저도 그런 말 들을까 봐 너무 두렵고 힘들었어요. 그래도 말하게 되는 건, 평화를 원하기 때문이에요.

우리의 목표가 처벌은 아니에요. 하지만 폭력이 실재하는데 처벌하지 않고 두면 계속 반복될 테니까, 가해자가 제대로 처벌

받고 공동체에 다시 들어오게 하는 게 목적이에요. 그러지 않고는 평화를 얻을 수가 없어요. 아무도 임명하지 않았지만, 성폭력 근절을 위한 보안관으로 자임하고 있어요. 성폭력 예방교육 강사 양성 과정도 듣고, 최근에는 '성폭력 근절을 위한 지리산 여성회의'도 함께 만들었어요. 공동체 안에서 여성주의 문화가 어떻게 공존을 가능하게 해줄지를 고민하고 있어요."

여성이 글을 쓴다는 것은 그런 것이다. 지금까지 "좀 참으면 되는 일"이거나, "입장을 바꿔 생각할 일"이었던 모든 일상이 문제적으로 변한다. 이 변화는 자기 내부만이 아니라 자신을 둘러싼 가장 가까운 모든 존재와 격렬히 부딪치며 상처를 낸다. 정상순은 과연 그 격한 충돌과 상처를 어떻게 대면하고 있을까?

"힘들었어요. 같이 사는 사람과도 계속 싸우게 되고. 마을을 떠날까 생각한 적도 있어요. 사실 문제 제기하는 이유가 이 마을에서 계속 살고 싶어서였는데 이것 때문에 떠나는 건 좀 아니지 않나 생각했어요. 그래도 좋아진 건, 사람들이 예전처럼 함부로 말하지 않는다는 거예요. 그리고 저희 얘기를 들으려고 해요. 굉장히 큰 변화예요. 얼마 전에 실상사에서 성차별, 성폭력 피해 경험 말하기 대회를 했는데, 나중에 친구에게 연락이 와서 만났더니 그러더라고요. 정말 몰랐다고, 미안하다고. 나중에는 다른 사람이 그런 언행할 때 그러지 말라고 말리기도 하고요."

승리 또는 화해의 경험은 그 즉시 힘을 주지만, 한편으로는 더 큰 아쉬움을 안기기도 한다. 특히, 한때 공감하고 우정을 느끼던 사람들과 공유할 수 없다는 걸 깨달을 때 말이다.

산내마을신문 모임

『지글스』 그리고 문화기획달 활동을 하는 동안 정상순은 이전부터 참여해온 마을신문을 통해서도 지역의 성차별, 성폭력 문제를 드러내기 원했다. 말리는 사람은 아무도 없었다. 그러나 공통의 이슈로 다루어지지도 않았다. "안 했다기보다는 못 했다고 해야 할 거예요. 다들 너무 바빴어요. 주민들끼리 시작해 5년을 끌고 올 정도로 마을신문은 중요한 매체였어요. 하지만 어느새 각자 욕망이 달라졌죠. 처음에는 마을신문 자체가 제일 중요한 일이었다면, 그 활동을 통해 관심사가 나뉘고, 개별적으로 중요하다고 생각하는 일이 늘었어요. 그래서 더 집중하거나 논의하기가 쉽지 않아진 거죠. 서로 충분히 대화하지 못하고 작업이 중단되었어요."

그런 단절은 계속 찾아왔다. 그동안 마을에서 자연스럽게 해온 활동에서 미묘한 차이를 거듭 발견했다. 사실은 오래전부터 갖고 있던 감각이지만 일련의 과정 속에서 구체화된 거다.

귀농 초기에도 그랬다. 귀농학교와 인드라망 공동체를 중심으로 활동하면서 막연히 답답함을 느꼈지만 표현을 하지 못했다. 토닥, 그리고 지리산이음의 활동이 본격화되는 과정에서는 이전과 달리 말은 꺼낼 수 있었다. 하지만 그런 이야기는 충분히 전달되는가 싶다가도 어느 시점에서 더 이상 다가가지 못하고 멈추곤 했다.

"토닥 시작할 때부터 쭉 지지하고 후원해왔어요. 그런데 새로운 단체를 또 만들고, 아름다운재단이 인큐베이팅을 하고, 이리저리 알려지는 걸 보면서 '아, 이제 나는 더 안 해도 되겠다' 생각했어요. 그러다 어느 날 토닥 자산을 이음으로 이전한다는 말을 듣고는 의문이 생겼어요. 그간의 활동에 공감하고 소중함을 느꼈지만 그건 토닥을 향한 것이지 지리산이음이라는 단체를 향한 건 아니었으니까. 그때 돌아온 답은 '달라지는 건 없다'는 말이었어요. 그럴 수 있죠. 하지만 과정을 충분히 소통했는지는 수긍하기 어려웠어요. 어떤 아이디어나 제안이 있을 때 곧바로 '합시다', '이렇게 갑시다'라고 할 수 있는 것도 권력이에요. 적어도 이 동네에서 그 정도의 역량과 권한을 가졌다는 거니까요. 그런 걸 세심하게 볼 필요가 있어요.

결국 이런 문제가 제게는 다 여성주의 이슈와 연결돼요. 남성들이 일해온 방식, 운동권이 해온 방식, 마을의 방식, 거기에 변화가 필요한 시기가 온 게 아닐까 싶어요."

"여성주의 관련 작업을 함께 한 적은 없나요?"

"때로 컨퍼런스나 포럼에서 여성주의 이슈를 담으려는 노력을 하지만, 자칫 끼워 넣기가 되기 쉬우니 경계하게 돼요. 의도적이지 않아도 그렇게 될 수 있어요. 만약 그 이슈를 다루고 싶다면 문화기획달처럼 그 일을 집중적으로 하는 주체들이 있으니 동등하게 협력하고 연대하는 형태로 했으면 좋겠어요."

대화하는 내내, 정상순은 차분하게 말을 고르며 정성 들여 설명하는 태도를 취했다. 그 모습이 내게는 변화의 과정에서 겪고 있는 내적인 고통과 외적인 갈등을 제어하려는 노력으로 보였다. 이른바 '불편한 말'을 꺼내는 사람으로서 보일 수 있는 최선의 모습이었다.

"이런 얘기를 하는 건 정말 조심스러워요. 이 사람들이 일을 어떻게 하는지 모르는 게 아니니까. 마을에서 일어나는 다양한 활동을 드러내고, 안팎으로 지원하는 역할을 정말 잘해왔어요. 그렇지만 바로 그 때문에 마을에서 하는 활동이 특정 조직의 것으로 전유될 수 있다는 건 주의해야 한다고 생각해요. 성과를 가져가거나 전유하려는 의도가 없다는 건 알아요. 그래도 때마다 말을 했던 건, 부디 지금처럼 일을 투명하고 선명하게 하길 바라서였어요. 새롭게 하는 게 구체적으로 어떤 것일지, 시작하는 단계에서 미리 다 알 수는 없죠. 지금 어떤 동력으로 움직이고 있는지 당사자들은 모를 수 있고요. 그런데 제가 여성들과 일을 해보니 다른 방식으로 일하는 게 가능하지 않을까 싶어요."

다른 방식은 가능하다. 지극히 당연하고도 전복적인 선언이다. 대안은 있다. 그것도 항상, 많이 있다. 그러나 하나의 대안이 다른 대안으로 대체되고, 또 다른 대안이 그 자리를 차지하는 방식으로 과연 근본적인 변화가 가능할 것인가.

작은 시골 마을 산내를 지금과 같은 다양하고 자발적인 실험의 공간으로 바꾸어온 동력은 20여 년 전 한국 사회를 고꾸라트린 IMF 경제 위기, 즉 급속한 근대화, 도시화, 불평등의 소용돌이를 벗어날 대안으로 떠오른 귀농 운동이었다. 그것이 어쩌면 유일한 대안으로 비춰질 시점에 나타난 수많은 마을 소모임과, 토닥, 마지, 살롱드마고, 품안도서관 같은 크고 작은 공간들, 그리고 지리산이음과 문화기획달 같은 단체의 존재는 '다른 방식은 가능하다'는 선언을 끊임없이 반복, 확장해 나가고 있다. 이것이 또 어느 시점에 하나로 수렴되어 마을에 중심과 변방이라는 구조를 형성한다면, 그 즉시 대안이라기보다 뛰어넘어야 할 또 하나의 구체제로 취급받게 될 것이다. 정상순이 말하는 여성주의는 지금 다른 모든 이슈를 압도하는 듯 보이지만, 그것은 기존의 틀에 균열을 일으키는 운동이 갖는 당연하고도 놀라운 생명력이다.

이처럼 작고 반짝이는 무수한 대안이 중심을 해체하는 현상 그 자체가 우리에게는 이미 다가온 대안일지도 모른다. 역설적으로, 더 이상 새롭고 다른 대안이 저 멀리 따로 존재하지 않는다는 말이 되는 것이다. 그렇다면 이제 무엇을 해야 할까.

"흥분하면 안 되더라고요. 그리고 공부해야겠다고 느껴요. 매일매일 피해를 접하니까 공부를 하지 않으면 금방 흥분하게 돼요."

"마음만큼 잘 안 되지 않아요?"

"처음에 문제 제기할 때는 정말 무서웠어요. 그런데 여러 가지 갈등을 겪으면서, 나만큼 다른 사람들도 무서워한다는 걸 알게 되었어요. 그러니까 유머 감각이 필요하죠. 고민은 진지하게 하되 행위는 연극이나 글처럼 다른 것으로 승화시키거나, 퍼포먼스를 한다거나, 그렇게 실제 행동을 해서 힘을 보여주는 게 도움이 돼요.

지리산 덕도 보고 살아요. 어디 가서 지리산에 산다고 하면 신기해해요. 아득바득 싸우고 싶다가도 동네 한 바퀴 걸으면 자연에서 치유도 받아요. 이 마을의 좋은 점이 그거예요. 가끔, 비 온 다음 날 지리산이 확 가까이 다가올 때라든지, 자연이 참 예쁠 때가 있거든요. 그런 시간이 소중해요."

"그리고 친구들이 있고요."

"맞아요. 여성주의는 문제에 대응하는 기술 이전에 사고를 어떻게 할 것인가의 문제여서 같이 공부할 친구들이 절실해요. 다행히 마을 안에 같이 공부하고 활동하는 친구들이 있으니, 당장 싸우고 설득하는 데 에너지를 소모하기보다는 즐겁게 공부에 집중하자고 생각하게 되었어요. 지금까지는 마을공동체, 가족 같은 것이 소중했다면 비혼이라든지 다른 형태의 삶을 더 많이 접하니까 마을에서 하는 활동의 지향도 달라져야겠다 생각해요. 그러니까 공부해야죠. 지금은 그게 중요해요."

전문 기자나 편집인 없이 마을 주민들이 자발적으로 만든 마을신문이다. 2013년 2월, '지리산문화공간 토닥' 주최로 부산 반송 지역의 마을신문 「반송 사람들」의 사례를 담은 강의를 들은 후 몇몇 주민이 나서 신문 만들기를 추진했다. 신문은 타블로이드판 8면으로 호당 2천 부를 제작했다. 산내면 인구수에 맞춘 분량이다. 제작 비용은 후원금과 광고료로 마련하고, 주민들이 손수 각 가정에 배달했다. 지리산이음과 함께 전국의 마을신문 제작자들 백여 명이 모이는 '전국마을신문워크숍'을 개최하기도 했다. 2013년 3월 창간준비호부터 시작해 2017년 10월 48호까지 발행한 후 휴지기를 갖고 있다.

산내마을신문을 만든 사람들

- 〈창간준비1호〉 2013년 3월 30일
  발행인: 산내마을신문준비모임(고은정, 김수미, 김은미, 임현택, 정상순, 정충식, 조양호, 조창숙)
  편집장: 정충식   교정교열: 정상순
- 〈창간호〉 2013년 5월 9일
  발행인: 산내마을신문모임(고은정, 김수미, 김은미, 이유진, 임현택, 정상순, 정충식, 조양호, 조창숙)
- 〈48호〉 2017년 10월 25일
  발행인: 산내마을신문모임(정충식, 김은미, 임현택, 정상순, 조양호, 조창숙)

불안에 잠기기보다는
할 수 있는 일을 하나씩

_하무

청년의 불안이 중요한 사회 문제로 떠오른 지 꽤 되었다. "헬조선을 사는 청년", "노오력해도 답이 없는 시대"라는 흔한 문구를 사방에서 만난다. 그러다 보니 최근에는 귀촌이 이런 청년들의 절망과 불안을 헤쳐 나갈 대안 중 하나로 거론되는 일이 잦다.

이 문제에 지리산이음은 어떻게 대응하고 있을까? 그러고 보니 이음에서 함께 일할 사람을 찾고 있다는 말을 들은 지 얼마 지나지 않았는데, 사무실에는 새로운 활동가가 세 명이나 들어와 있다. 심지어 그중 두 명이 이십 대다. 이 사람들의 이야기를 들어보면 어느 정도 실마리를 잡을 수 있지 않을까? 이 불안한 시대에, 그다지 또렷한 기반을 마련해놓지 않은 지역의 신생 단체에서 일을 시작한 건 무슨 까닭일까?

"큰 집착 같은 것 안 하고 살아요. 불안 별로 없어요. 뭐 어떻게 되겠죠."

조용한 오후, 토닥 구석 테이블에 마주 앉은 하무는 싱겁게 웃

으며 말했다.

"불안하지 않다고요?"

"네. 주거나 삶의 불안이 아예 없는 건 아니죠. 그래도 일에 관해서 불안은 별로 없어요. 가끔 자극을 받으면 고민이 되긴 해요. 좀 더 생태적인 삶에 관심이 있는데 그렇게 살고 있는 친구들을 만나거나 관련 프로그램에 참여할 때면 저도 그러고 싶다고 생각해요. 경계에 머물러 있는 상태랄까요."

서울에서 나고 자라 중학교까지 제도권 교육을 받은 하무는 고등학교 시절만 금산에 있는 대안학교에서 보냈다. 하무의 부모는 사회 운동보다는 종교적 신념을 통해 귀농과 대안교육을 접했다. 독실한 불교 신자인 데다, 실상사에서 귀농 운동을 이끌어온 도법 스님과 연이 있었던 모양이다. 산내에 중등 과정인 '작은학교'가 생겼을 때 하무를 진학시키려 했는데, 막상 답사를 해보니 초기 상황이 생각보다 열악해 포기했다고 한다. 3년 후, 고등 과정을 운영하는 대안학교 몇 곳에 지원서를 낸 하무는 재미있을 것 같다는 이유로 금산 간디학교를 선택했다.

충청남도 금산군 진악산 자락에 자리 잡은 금산 간디학교는 '사랑과 자발성'을 기본 철학으로, 경쟁과 서열을 지양하고 전인교육과 생태적 문화를 추구한다는 교육 목표를 갖고 있다. 숲속 조그만 학교에서 3년 동안 하무는 무슨 생각을 하며 지냈을까? 다른 건 몰라도 생태적 삶에 관심을 가진 건 확실해 보인다.

"기숙학교다 보니 거의 모든 시간을 학교와 친구들 사이에서 보냈어요. 제가 고기를 안 먹던 때가 있었는데, 마침 기숙사에서 몰래 치킨을 시켜 먹는 게 유행했어요. 저는 고기를 먹지 않지만 함께 어울려 놀았는데, 친구들이 제가 옆에서 무만 주워 먹으면서 떠든다고 하무라고 불렀어요. 성이 하씨여서 하무. 그게 지금까지 제 별명이 되었네요."

"학교생활이 꽤나 즐거웠던 모양이에요."

"그렇긴 한데, 졸업 때는 빨리 학교를 탈출해서 서울로 갈 생각만 했어요. 가면 뭐든지 할 수 있을 것 같았거든요. 시골 사는 청소년들은 다 그런 욕구가 있을 거예요. 게다가 학교에서 엄청 바람을 넣어서 꿈을 키우게 만들어요. '네가 하고 싶은 일을 찾고, 나가서 꼭 할 수 있었으면 좋겠다' 이런 식으로 진로를 끊임없이 탐구하게 만들었어요. 지금 생각하면 좋은 것만은 아닌 듯해요. 빨리 뭔가 해야겠다는 조급함을 느끼게 하니까."

하무가 그토록 조급하게 뛰쳐나가 하고 싶었던 일은 다름 아닌 음악이었다. 밴드를 결성해 연주를 하기도 하지만, 그보다는 공연 기획과 음반 제작 일을 하고 싶었다. 홍대 앞 인디 음반 제작사에 들어가 2년 정도 일했다. 뮤직페스티벌 기획사에서도 일했다. 군대 가기 전까지 거의 쉬지 않고 일을 했는데, 얼마 안 가 흥미를 잃었다.

"처음엔 재밌어서 했는데, 하다 보니 재미가 떨어졌어요. 하는 일에 비해 보상도 너무 적고, 그게 정말 하고 싶은 일이었는지도 잘 모르겠더라고요. 그래서 제대하고는 그만뒀어요."

나중에 안 사실이지만, 이 시기에 하무는 한 가지 중요한 사회적 경험을 했다. 일터 바로 옆에서 상가 철거에 반대하는 인디

지리산이음 앞에서 누리, 하무, 나비와 현택

음악인들의 운동이 크게 벌어졌는데, 그게 바로 두리반 투쟁이
었다.

　2009년 겨울, 홍대입구역 근처에서 칼국수집 '두리반'을 운영
하던 부부는 갑자기 가게를 비우라는 통보를 받았다. 전 재산과
대출금까지 투자해 만든 가게를 이주비 300만 원 받고 떠나라는
거다. 이주도 재정착도 불가능한 상황에서 부부는 결국 농성을
시작했다. 그러자 홍대 앞의 급격한 변화를 염려하던 인디 음악
인들이 하나둘 가게에 나타났다. 강제 철거를 막기 위해 음악인
들은 그 자리에서 공연을 이어갔다. 일하는 분야와도 관련이 있
고 사무실도 바로 옆에 있다 보니 하무는 연대하는 마음으로 투
쟁을 지켜보았다.

　많이 알려졌듯 이 이야기는 해피엔딩이다. 철거를 막지는 못
했지만 두리반 사장 부부는 최소한 재기할 수 있을 정도의 보상

금을 받아 그리 멀지 않은 곳에 칼국수집을 다시 열었다. 그러나 좀 더 큰 렌즈로 바라보면 이야기는 전혀 달라진다. 2014년, 이 과정을 기록한 다큐멘터리 〈파티 51〉을 본 하무는 심각한 혼란에 빠졌다.

애초에 이 싸움은 무엇을 위한 것이었을까? 예술가들의 창조적 공간으로서의 홍대 부근을 스멀스멀 장악해나간 자본주의 구조에 균열을 내기보다는, 어쩌다 튕겨 나온 이들을 다시 그 질서 안으로 고스란히 들여놓는 작업이 아니었을까?

음악 일에 흥미를 잃고 뭘 할지 고민하던 하무는 슬그머니 산 내로 향했다. 실상사 작은학교에 다니는 동생을 따라 엄마가 내려와 살고 있었다. 그 집에 잠시 머물며 겨울만 보낼 요량이었는데 어느새 4년이 훌쩍 흘렀다.

"'작은자유'라고 산내 청년 모임이 있어요. 거기 친구들이 마을에서 식당을 연 지 두세 달 되었을 무렵이었어요. '살래청춘식당 마지'. 동생도 거기 멤버였는데, 제가 내려와 있으니 놀고먹으면 뭐하냐고, 식당 와서 홀 서빙 알바라도 하라기에 도와주러 갔어요. 기존 멤버 한 명이 해외로 떠나는 바람에 급히 자리를 채우러 간 건데, 어쩌다 보니 되게 열심히 하게 되었어요."

"일단 뭘 하면 쭉, 열심히 하시는군요."

"그러게요. 관성에 따라간 것 같은데, 좋긴 했죠. 그 전에도 또래 친구들이랑 뭔가 해보고 싶었어요. 서울에서는 나이 차이 많이 나는 사람들과 일했으니까. 마지를 하게 되었을 때 그 욕구가 잘 맞아떨어졌어요."

2014년 여름 무렵, 마을에 사는 청년들이 모임을 시작했다. 귀농 가족의 자녀이거나 대안학교를 다녔거나 그 밖에 여러 가지 이유로 산내에 살고 있던 청년들은 비슷한 시기에 함께 고민하고 서로를 격려할 공동체가 필요하다고 느끼고 있었다. 알음알음 서로를 찾아 모이고, 대화를 나누고, 밥을 해 먹고, 다른 지역 청년들과 교류도 하며 서서히 활동의 폭을 넓혔다. 그러다 마을에서 자립할 수 있도록 식당을 해보는 게 어떠냐는 제안을 받아 본격적으로 일을 벌였다. 그 결과 '살래청춘식당 마지'가 탄생했다.

모든 게 다 처음이라 어리둥절했지만 자신들만의 공간이 생긴다는 것, 그리고 시골을 떠나지 않고 자립할 수 있다는 것이 좋았다. 식재료를 마련할 텃밭도 만들고, 새로운 메뉴도 개발하며 즐겁게 일했다. 그러나 식당의 일상은 만만치 않았다.

아침에 출근해서 재료 손질하고, 열한 시 반부터 두 시까지 점심 장사하고, 세 시까지 마감한 뒤 또 준비해서 여섯 시 반부터 여덟 시까지 저녁 장사하고 마감하면 아홉 시였다. 한 사람이 쭉 근무하기보다는 나눠서 하자고 했지만 사람도 돈도 없다 보니 일이 몰렸다. 쉬는 날에는 장 보러 다니고, 커뮤니티 밥집을 표방하는 바람에 이런저런 프로그램도 하다 보니 너무 바빴다.

"공연 기획은 여전히 좋아하니까 식당에서도 해보고 그랬어요. 그렇지만 너무 힘들더라고요. 지금 생각하면 무리했죠. 홍합한 번 사면 15킬로그램씩 다듬어야 하고…. 체력을 너무 과신한 게 아닌가 싶어요. 멤버 중 식당 일 해본 사람이 아무도 없었거든요. 마지는 그렇게 딱 2년 하고 접었어요."

"아무래도 수익이 나지 않았던 걸까요?"

"꼭 그렇지만은 않아요. 너무 무리하지 않으려고 쉬는 시간을 갖거나 문을 닫거나 하는 날들도 있었지만, 그래도 돈 때문이면 어떻게든 계속했을 거예요. 더 큰 이유는, 다들 이제 다른 일을 해보고 싶어 했기 때문이에요. 문 닫은 후 제 동생은 해외여행을 떠났고, 타지로 옮겨간 친구들도 있고 그래요. 마지가 아무래도 마을에서는 좀 상징적인 공간이 되어버려서, 청년들이 뭔가 한다고 하니까 돈과 마음을 모아준 사람들이 있었기 때문에 문을 닫는 게 쉬운 결정은 아니었어요. 그래도 잘한 것 같아요. 적당한 때에 닫아서."

마지는 문을 닫기 전에 파티를 열었다. 그동안 후원하거나 식당을 이용하며 지지해준 마을 주민들을 초대해 그간의 소회를 공유했다. '망했다'거나, 포기했다고 생각하기보다는 다음 발자국을 내딛기 위한 기회로 삼고자 했다. 임대 계약 기간이 남아 있어 공간은 없애지 않았다. 작은자유의 활동 공간으로 쓰거나 가끔은 주민 모임에 빌려주기도 하면서 지금까지 운영 중이다.

일자리가 사라졌지만 하무는 당장 생계를 걱정하지 않고 쉬었다. 마을 주민들이 십시일반 돈을 모아서 만든 청년활력기금을 받고 있어서다. 청년의 자립을 지지하고자 만든 이 기금은 해마다 지역 청년 1명에게 월 50만 원의 활동비를 기본소득 형태로 제공한다.

"4개월 정도 놀았어요. 바이크도 타기 시작해서 여행도 많이

살래청춘식당 '마지'

다니고. 지리산이음에서 청년캠프, 지리산포럼 청년섹션 같은 행사를 하면서 일거리를 줘서 가끔 일도 했어요."

"제안을 받았을 때 선뜻 마음이 가던가요?"

"그냥 했어요. 왜 했는지 모르겠는데 정신 차리고 보면 같이 하고 있는 거예요. '해볼래?' 하면 '해볼까' 하고."

"마지도 그랬고, 제안을 잘 수용하는 듯해요. '나만의 뭔가를 하겠어'라는 욕구가 강하지 않은 걸까요?"

"그러게요. 사실 아무것도 안 하고 4개월이나 쉰 건 처음이었어요. 서울에 있을 때도 엄청 열심히 한 건 아니지만 계속 일을 하긴 했어요. 4개월이 지날 때쯤 지리산이음에서 청년 사업 담당자로 일하지 않겠냐고 해서 올 1월에 들어왔어요. 어차피 할 일도 없고, 마지와 작은자유에서 하던 활동과 맥락도 닿을 거라고 하고."

"1년 일해보신 소감은 어때요?"

"전반적으로 괜찮은 직장이라고 생각해요. 시골에서는 이렇게 4대보험 되고, 돈도 적당히 나오고, 근무 환경 좋은 일자리가 많지 않거든요. 사람들도 좋아요. 이전에 격식 없는 조직에서도 일해보고 엄청 권위적인 곳에서도 일해봤는데, 여기서는 뭔가 안 맞으면 이야기해서 조정할 수 있겠다는 생각이 들어요. 제가 요즘 많이 바쁜데요, 여름까지는 괜찮았는데 가을에 해야지 하고 놔둔 일이 생각보다 품이 많이 들더라고요. 구체적으로 어떻게 하라고 알려주는 사람 없이 스스로 감을 잡으면서 하려니까 늦은 거죠. 처음 하는 일이라, 사실 뭘 물어봐야 할지도 몰랐던 거예요. 지금 열심히 헤매면서 하고 있는데, 내년에는 좀 조정을 해보고 싶어요. 필요성을 느끼면 계속 할 수도 있고, 다르게 할 방법을 같이 찾아볼 수도 있겠죠."

"청년 당사자이면서 지역 청년들을 지원하는 실무를 맡고 있는데, 시골에서 청년들이 자립하기 위해 무엇이 가장 필요하다고 생각해요?"

"친구들이 많이 필요해요. 그래야 힘도 얻고 재미도 느끼고, 뭔가 하려고 할 때 같이 고민할 수 있으니까요. 꼭 같이 일을 할 필요는 없어요. 주변에서 서로를 지지할 수 있는 관계면 좋겠죠. 올해 지리산 작은변화지원센터에서 지리산권 청년 조사 작업으로 인터뷰를 하러 다녔는데 재밌었어요. 특히 뭔가를 시작하는 청년들을 만났을 땐, 작은자유와 마지 함께할 때 생각이 나서 좋더라고요. 자극도 많이 얻고. 지역에 그런 사람들이 있다는 걸 알았으니까, 뭘 지원하면 좋을지는 이제부터 생각해보려고 해요."

"지원사업이 정말 도움이 될까요? 청년을 지원하는 사업 상당수가 어떤 그림을 그려놓고 거기 맞추라고 요구하는 듯하다는 비판도 종종 있잖아요."

"정부나 기관에서 나오는 지원사업은 그런 면이 있어요. 창업을 어떻게 하라든지, 결혼을 해야 지원을 해준다든지. 사회에서 말하는 정상성을 가지고 그들이 바라는 모양의 사람이 될 요구하는 게 느껴질 때가 종종 있어요. 처음엔 할 수 있는 게 없으니까 그거라도 받아보려고 하는데, 안 좋은 경험을 하고 나면 더 냉소하게 되는 지점이 있죠. 그런 문제에 관해서는 할 수 있는 한 목소리를 내야겠구나 생각해요. 그래서 시에서나 관련 기관에서 의견을 요청하면 가급적 가서 말하려고 해요.

그렇다고 해도, 활용할 수 있는 기회는 최대한 써야 한다고 생각해요. 청년 세대가 가진 게 없어서 나름대로 뭘 해본다고 해도 한계가 커요. 실패하고 엉망진창이 되더라도 계속 시도해볼 수 있도록 지켜보고 도와주는 존재가 지역에 있으면 좋죠. 아마 그동안 지리산이음이 그런 역할을 하려고 했던 것 같아요. 마지 운영할 때 관심도 가져줬고, 연결고리를 찾아주려는 시도도 많이 했고. 직접적으로 말한 적은 없지만 사실은 그런 의도가 있었던 게 아닐까 해요. 그때 만난 친구들이 여기저기서 원하는 일을 하고 있으니까 잘되었다고 생각은 하는데, 그 지원 방식 자체가 효과적이었는지는 모르겠어요. 지금은 센터를 함께 하니까 더 잘되지 않을까 기대하고 있어요."

"센터는 어떤 면이 다를까요?"

"달라야죠. 센터에서는 어쨌든 지원을 한다는 목표가 뚜렷하고, 이 마을뿐 아니라 지리산권 전체적으로 더 현장성 있게 활동하니까 가능하지 않을까요?"

질문에 답할 때는 수줍은 듯, 가볍게 툭 던지는 듯해도 시간을 들여 숙성해온 자기 나름의 삶에 대한 방향성이 묻어났다. 아무래도 하무는 한동안 산내를 떠나지 않을 거라는 생각이 들었다. 동생과 엄마가 있어 내려왔고 어쩌다 보니 이런저런 일을 하게 되었다고 말하지만, 가족이 서울로 돌아간 지금까지도 산내에 혼자 남아서 자립을 모색하고 있는 걸 보면 말이다. 작은자유도 처음에 열 명이 넘던 멤버가 서너 명까지 줄었지만, 하고 싶은 공부나 일, 새로운 경험을 찾아 떠나는 친구들의 발걸음을 하무는 그다지 서운해하지 않는 눈치다. 나는 처음에 던진 질문을 다시 꺼내며 속내를 확인해보려 했다.

"이렇게 그때그때 인연이 닿는 일을 하며 사는 게 불안하지는 않아요?"

"생각해보면 저는 그런 고민은 별로 안 하고 살아왔어요. 대학도 안 갔고, 지금 할 수 있는 걸 여러 가지 해보면 좋겠다고 생각해요. 그런 고민이 있다면 여기서 이렇게 못 살지 않을까요? 금방 떠났겠죠. 지금도 이음에서 일을 하지만 계속 이렇게 활동가로 살아야겠다, 그런 건 아니에요. 할 수 있고, 할 만하니까 계속 하는 거죠."

"5년 후나 10년 후를 대충 그려보기는 하나요?"

"그때도 안 불안하면 좋겠네요. 일단 집과 땅이 있어야겠죠? 시골에 와서 적게 벌고 살려면 집도 있고 땅도 있어야 하더라고요. 그게 없으면 안 된다는 걸 3년 만에 깨달았어요. 그래서 한동안은 단체가 잘되어야 해요. 기반을 마련하려면요. 그 밖에 딱히 인생에서 이걸 이루겠다 하는 건 없어요. 고양이랑 같이 살면서 정이 들었는데 지금 가족과 함께 서울에 가 있어요. 생활이 안정되어서 다시 같이 살 수 있으면 좋겠어요."

인터뷰를 마무리하며 최근 인상적으로 본 창작물이 있으면 소개해달라고 했다. 잠시 고민하던 하무의 입꼬리가 올라갔다.

"얼마 전에 〈카메라를 멈추면 안 돼〉라는 영화를 봤는데 엄청 재밌었어요."

좀비 영화를 찍는 현장에 진짜 좀비가 나타나 고군분투하는 과정을 코믹하게 그려낸 저예산 독립 영화다. 일본의 우에다 신이치로 감독이 300만 엔(약 3천만 원)으로 찍은 이 영화는 일본 극장가에 뜻밖에 흥행 돌풍을 일으켰고, 부천국제판타스틱영화제를 통해 소개되면서 국내에도 알음알음 입소문이 났다.

"밖에서 보면 정말 보잘것없는 일을 하려고 사람들이 죽도록 열심히 노력해요. 고작 그런 일로 저렇게까지 고생을 하다니 싶을 정도로, B급의 조잡한 무언가를 만들어내려고 모두가 안간힘을 써요. 그 모습에서 뭔가 찡한 게 왔어요. 유쾌하고 성실하고,

아무튼 되게 좋아 보였어요. 남들이 뭐라고 생각하든 자기가 원하는 것을 만들어낸다는 게요."

살래청춘식당 마지

살래청춘식당 마지는 '작은자유'가 시작한 첫 번째 프로젝트이다. 작은자유는 지리산 산내면에 사는 청년들이 스스로 배우고, 성장하고, 자립하며 공존하기 위해 만든 공익적 단체. 2015년 8월, 청년이 함께 일하는 기반을 만들어 마을에서 성장하고 자립할 기회를 만들고자 살래청춘식당 마지를 열었다. 2년간 운영한 후 운영진들이 각자 하고 싶은 일을 찾아가면서 식당은 문을 닫았고, 현재는 모임 공간을 대여해주는 방식으로 운영하고 있다.

새롭고 다양한 단체들이 부화할 수 있도록　●

_홍리

막바지 작업으로 한창 바쁘던 와중에 아름다운재단의 변화의시 나리오 인큐베이팅 사업 담당자인 홍리를 만났다. 이유는 단순 했다. 지리산이음을 인큐베이팅 대상 단체로 선정한 이유와 종 료 후의 평가를 알고 싶어서였다. 그런데 막상 만나서 나눈 이야 기는 보다 넓은 시각에서 사회 변화의 의미와 그것을 이루는 방 법에 관한 대담에 가까웠다. 그 내용을 책에 넣을 생각은 전혀 없 었는데, 녹취를 풀다보니 마음이 바뀌었다. 이 작업이 인큐베이 팅 사업의 첫 번째 기록인 만큼 지원 기관의 이야기도 충실히 담 아내면 좋을 것 같단 생각이 들었다. 객관적이고 공식적인 논평 이 아니라 담당자의 주관적 경험과 판단이 담긴 이야기여서 더 흥미로웠다.

"재단이 인큐베이팅 사업을 하는 이유가 궁금했어요. 개별 단 체에 관한 정보는 공개되어 있지만 전체 사업의 의미와 성과를 정리한 자료는 찾지 못했거든요."

"지금 이 기록 작업을 하는 이유와도 관련된 이야기네요. 초기에 사업을 구상했던 사람들이 생각한 바가 많았는데, 시작 단계에서 지원 기간 3년을 전부 아우르는 평가 기준을 잡기가 쉽지 않았던 걸로 알아요. 저는 중간에 이 일을 맡아서 상황을 정확히 알고 있지는 못해요. 해마다 연간 평가는 했어도 사업 전체를 일정한 틀에 맞춰 평가하기가 어려웠죠.

시간이 흐르고, 어느새 인큐베이팅을 종료한 단체가 늘었어요. 어떻게 할까 고민하다가 일단 종료한 단체와 만나 평가 회의를 했어요. 그 내용을 기록해봤는데, 가만 보니 이해관계자들이 마주 앉아 사업을 평가하는 게 의미가 있을까 싶더라고요. 차라리 개별 단체의 활동에 참여한 사람들의 회고 같은 것이 있으면 더 낫겠다 생각했어요. 틀에 박힌 사업 종료 보고서를 만들지 말고 이렇게 책으로 엮어보자고 결정한 이유예요. 그러니까 이제부터죠."

아름다운재단이 변화의시나리오 인큐베이팅 사업을 시작한 건 2012년이다. 한 해 전인 2011년, 재단은 그동안 해온 다양한 공익 활동 지원사업을 '변화의시나리오'라는 브랜드로 묶고, 새로운 공익 단체의 등장을 촉진하기 위해 3년 동안 단체 설립과 성장을 지원하는 인큐베이팅 사업을 신설했다. 공모를 통해 2012년 첫 번째 지원 단체로 선정된 곳은 지리산이음이 아니라 'AMC 팩토리'라는 이주민 문화예술활동 지원 단체다.

"이주민, 선주민 예술가와 기획자가 함께 만든 단체죠. 굉장히 좋은 활동이었어요. 다만, 인큐베이팅이 처음이다 보니 좌충우돌한 부분이 많았어요. 그동안 재단이 이렇게 한 곳을 정해 장기적으로 지원하는 사업은 한부모 창업 지원이 유일했어요. 없던 것을 새로 만들어내는 작업이라 역량을 충분히 쏟아야 했는데, 재단의 사업이 워낙 많은 데다 인큐베이팅 관련 노하우나 매뉴얼을 갖추고 시작한 게 아니어서 담당자들이 자기 역량으로 풀어나가야 하는 일이 많았어요. 지원 종료 후에도 어려운 상황에서 계속 활동해나가시는데, 지속적으로 교류하면서 성장을 지켜볼 수 있었으면 좋았으련만 그게 잘 안 되었어요. 그간의 사업을 돌이켜보면서 가장 무겁게 느끼는 부분이에요. 어떻게든 풀어야 할 숙제로 가지고 있습니다."

변화의시나리오 사업을 개편하던 때, 재단에서는 그동안 지원 사업에 응한 단체 중에서 좀처럼 새로운 단체를 찾아보기 어렵다는 점에 주목했다. 오랜 시간 동안 경험과 성과를 쌓아온 단체의 활동을 지원하는 일은 물론 가치 있고, 재단이 지속해나가야 할 중요한 역할이다. 그러나 시민 사회가 생명력을 가지려면 새로운 분야에서 새로운 주체와 방식이 계속 등장해야만 한다. 조직 형태를 갖추지 않은 시민 모임도 지원 대상에 포함하는 등 문턱을 낮추려는 시도도 해왔지만, 이제는 그보다 더 적극적인 역할이 필요하다고 보았다. 공익 단체 설립과 초기 성장을 돕기 위해 3년에 걸쳐 최대 2억 원을 지원하는 인큐베이팅 사업은 그래서 탄생했다.

"어떤 기준으로 지원 대상을 선정하셨나요?"

"AMC 팩토리는 물론이고, 그동안 선정한 단체는 모두 기존에 보기 어렵던 독특한 영역에서 활동하거나 정체성이 뚜렷한 당사자 운동이었어요. 새롭고 다양한 단체를 북돋운다는 목표를 중시한 결과라고 생각해요."

"지리산이음을 시작한 세 사람은 기존 시민단체나 비영리 영역에서 경험이 풍부하고 여러 시도를 해본 분들이라고 할 수 있는데요."

"그렇지요. 하지만 지리산권이라는 특정한 지역에 천착하되 네트워크 방식을 시도한다는 점이 독특했어요. 지역과 지역, 사람과 사람의 연결 자체를 목표로 하는 단체는 흔치 않았으니까요. 지리산이음과 그다음 선정 단체인 '청소년 성소수자 위기지원센터 땅동' 같은 경우는 활동 내용도 그렇지만 단체 설립 방법이나 모금 노하우, 회원과 후원금 관리 시스템 등 실무적인 부분에서 지원 없이 거의 자체적으로 해낼 수 있는 곳이었어요. 물론 그런 기대를 갖고 시작한 건 아니었지만 다행스럽기도 했어요. 안타깝게도, 이후에 한 번 중도 탈락하는 사례가 생겼거든요. 너무 슬픈 일이었고, 내부에서도 충격이 컸습니다. 인큐베이팅이 그냥 돈만 내놓으면 되는 게 아닌데, 새롭고 낯선 활동의 방식과 주체들을 포괄하지 못했어요. 그런 한계를 차차 해결하려 했으나 그 과정에서 충분히 지원받지 못한 단체들을 생각하면 마음이 쓰여요."

그럼에도, 지리산이음 역시 인큐베이팅 종료 후 1년 정도는 이전에 비해 다소 불안정한 상태로 보냈다. 재단을 만든다는 처음의 목표를 사회적협동조합 설립으로 전환한 것은 자립 기반을 만들기 위한 판단이었지만, 산내가 아닌 지리산권을 아우르는 지원 주체로서 역량을 확장하기는 쉽지 않은 조건이었다. 외부 지원 없이 시골살이학교와 지리산포럼 같은 주요 사업을 안정적으로 이어가야 했을뿐더러, 초기 활동을 이끈 세 사람만이 아니라 새로운 동료를 찾아 키워야 하는 숙제도 안고 있었다. 그러나 지리산이음은 나름의 역량으로 자립 후 3년을 무사히 통과했고, 특히 2018년에는 아름다운재단과 지리산 작은변화지원센터를 함께 운영하면서 지리산권 전체로 활동을 확장할 계기를 마련할 수 있게 되었다. 이제 이 단체의 미래에 관해 재단의 인큐베이팅 담당자는 어떻게 바라보고 있을까?

"올해 작은변화지원센터로 다시 만난 건 인큐베이팅의 연장선이 아니라, 서로 상황과 필요가 맞아떨어졌기 때문이에요. 재단은 지역사업을 준비하면서 역량 있는 파트너와 함께 하나의 모델을 만들어보고 싶었고, 지리산이음은 산내를 넘어 지리산권으로 활동을 더 확장하려는 욕구가 있었으니까요.

재단에서 마중물을 부었다고 해서 그 단체가 10년, 20년 무조건 버텨내야 한다고 생각지는 않아요. 지리산이음의 구상은 돌이켜보면 지역의 문제를 사회 안에서 풀어내고, 바깥과 안을, 그리고 다양한 사람들을 연결하는 것이었어요. 참여자들이 움직이는 방식도 그랬다고 생각해요. 그냥 재밌으니까 해보자는 사람이나 큰 그림부터 그리는 사람이나, 서로 다른 얘기를 하는 것 같아도 막상 들여다보면 잘 어울리고, 억지로 꿰어 맞추기보다는 자연스럽게 녹아드는 게 보였어요.

그동안 지역에서 여러 가지 시도를 했고 일부는 중단한 것도 있지만, 이렇게 할 수 있다는 걸 보여주고 사람들의 주목을 받았다는 것 자체가 성과였다고 생각해요. 때로 활동이 정체된 듯 보이는 시기가 있더라도, 각자 자기 삶과 운동이 있는 상황에서 할 수 있을 만큼 느슨하게 해나가는 곳이기 때문에 크게 흔들리지 않았을 거예요. 앞으로도, 지금처럼 연결하고자 하는 목표를 놓치지만 않으면 조직의 형태나 활동 내용이 어떻게 바뀌든 자연스럽게 재조합해나갈 수 있을 거라고 기대해요."

인큐베이팅incubating은 새가 알을 품는 행위, 그리고 그 기간을 가리키는 말이다. 인터뷰 내내, 홍리는 알을 품는 새가 지닐 법한 인내심과 애틋함, 조심스러움을 보여주었다. 나는 그날 돌아와서야 난생 처음 영한사전에서 이 단어의 원뜻을 찾아보았다. 알고 있다고 생각하던 개념을 사전으로 재확인할 때면 항상 놀란다. 평소 얼마나 손쉽고 편리하게 세상을 바라보고 살고 있었는지 말이다. 병원 신생아실에서 쓰는 인공 보육 기기만 떠올렸던 내 좁은 언어 세계에 또 하나의 작은 창이 열렸다.

포유류는 몸속에서 탯줄이 연결된 상태로 태아를 키우지만, 조류는 물리적으로 완전히 분리된 동그란 알을 자기 몸의 온기로 품어 키운다. 인큐베이팅은 바로 그런 일이다. 언제쯤 새 생명이 알을 깨고 나올지, 그 안에 과연 생명이 있는지 확인할 길 없이 그저 가만히 정성을 들여야 하는 일이다.

"가끔 사회 운동의 흐름이 딱 끊어진 것 같다고 느껴요. 이전과 같은 방식으로 운동을 해나갈 사람은 이제 거의 없어요. 과정을 통해 경험하고 성장하고, 때로 실패도 겪어야 하는데 그런 장이 너무 부족하죠.

인큐베이팅 사업의 성과가 뭐냐고 묻는다면, 뚜렷하지 않아도 일단 해볼 수 있는 기회를 주는 것이 가장 의미 있었다고 봐요. 사회 운동을 하겠다고 생각만 하던 사람들이 3년 동안 실제로 도전해보고, 때로 깨지거나 성찰하면서 크든 작든 시민 사회 안에서 영향력을 발휘할 수 있도록 돕는 거죠.

지금까지 인큐베이팅 사업에 참여한 단체들이 서로 만날 수 있는 기회를 만들고, 성과 정리와 자원 연계에 도움을 주는 체계를 마련하려고 논의하고 있어요. 바로 단체를 설립하기보다는 자발적인 시민 모임을 해 나가다가 단체로 발전할 수 있는 중간 단계도 만들어보려고 계획 중이에요. 최근에는 마을공동체 사업이라든지 사회적 경제라든지 다양한 분야에서 인큐베이팅을 하고 있지만, 사회를 변화시키는 운동으로서 정체성을 가지고 성장하도록 돕는 경우는 흔치 않은 듯해요. 재단의 역할이 거기에 있지 않나 생각합니다."

제4장

다시, 연결된 이야기들

이 작업을 맡기 훨씬 전부터, 나는 사회적 가치를 조직이라는
형태에 담아 추구하는 방식에 회의를 갖고 있었다.
조직이라고 하면 최고 의사 결정자에서 말단 실무자로 이어지는
수직적이고 위계적인 구조가 제일 먼저 떠오르고,
도저히 측정하기 어려운 활동의 성과를 딱딱한 낱말과 숫자로 우겨넣은
무수한 보고 자료의 압박감이 밀려오기 때문이다.
'지리산이음'을 시작한 세 사람이 조직을 만든다고 했을 때도 그랬다.
마을에서 굳이 이렇게 형태를 갖춰 일할 필요가 있을까?
토닥이라는 공간, 자연스러운 마을 사람들의 흐름으로
충분하지 않느냐고 묻고 싶었다.
그럼에도 조직을 만든다고 하면 내부 체계와 장기적인 계획,
목표 같은 것을 나름 잡아두었겠지 했다.
시간이 흐르고, 대화를 이어가면서 정말로 '그런 것은 없다'는 사실을
재차 확인했다. 다들 그저 하고 싶고, 할 수 있는 일을
가능한 만큼만 해왔을 뿐이라고들 한다.
새로 참여하는 사람들도 딱히 전망을 궁금해하지 않는 눈치다.
그렇다면 이토록 앞날이 불분명한 조직의 미래는
어떻게 가늠해볼 수 있을까? 마땅한 답이 없으니
이 기록 작업을 대체 어떻게 마무리해야 좋을지 알 수 없었다.
하지만 궁하면 통한다고 했던가.
이 마지막 질문을 풀어볼 기회는 생각지 못한 곳에서 불쑥 다가왔다.

이 자리에 모이기까지

지리산이음 활동가 좌담회
_나비, 누리, 오관영, 은날, 임현택, 조아신, 하무

어느 날 임현택이 슬쩍 물었다. 한 달에 한 번 지리산이음 활동가들이 책을 함께 읽고 세미나를 하는데 다음 세미나에 와줄 수 있느냐는 것이었다. 마침 이번에 읽을 책이 내가 번역했던 『세대를 뛰어넘어 함께 일하기』(프랜시스 쿤로이더 외 지음, 도서출판 슬로비, 2015)라며, 역자로서 참석해달라고 했다. 미국에서 비영리 활동가 및 컨설턴트로 오래 일해온 세 저자가 쓴 이 책은, 1960년대 말부터 최근까지 등장한 비영리 활동가들을 크게 베이비부머, X세대, 밀레니얼 세대의 세 세대로 구분하여 세대별 특징과 세대 간 갈등 요소, 대안 등을 갈무리하는 내용을 담고 있다.

나는 임현택이 꺼낸 "마침"이라는 말이 사실은 "생각난 김에"를 뜻한다는 걸 눈치챘지만, 그동안 필요할 때마다 인터뷰를 잡고 자료를 찾아준 그의 수고를 생각하면 그 정도는 기꺼이 할 수 있는 일이었다. 그런데 가만 생각해보니, 그동안 따로따로 만나서 대화한 여러 활동가들을 한자리에서 만날 기회가 아닌가! 서

로의 이야기를 직접 주고받으면 어떤 반응들을 보일지 몹시 궁금했다. 게다가 조직의 지속가능성과 세대 전환을 주제로 대화를 나눌 테니 작업을 마무리하는 데 많은 도움이 될 것 같았다. 반가운 마음에 얼른 그러마고 약속했다.

그런데 하필 그때가 월요일 오전인 줄이야. 11월의 마지막 일요일 밤 열 시가 넘은 시각, 나는 캄캄한 실상사 매표소 앞에 다시 한 번 내려섰다. 바람이 몹시 차고, 하늘에서는 별빛이 쏟아졌다.

월요일 아침, 하나둘씩 사무실로 모여든 활동가들은 주섬주섬 청소를 시작했다. 누구는 주방 바닥을 쓸고, 누구는 테이블을 닦았다. 문 앞에 쌓여 있던 상자 네댓 개도 어느 틈에 제자리를 찾아 들어갔다. 나는 주방 구석에서 열심히 커피를 내렸다. 그럴 때는 뭘 하든 몸을 움직여야 어색함을 덜 수 있으니까.

그러고는 모여 앉아 이야기를 시작했다. 지리산이음의 활동가 여섯 명, 나, 그리고 지리산 작은변화지원센터에 파견 중인 아름다운재단의 은날도 함께였다. 연령대가 다양하긴 했지만, 흔히 말하는 베이비부머, X세대, 밀레니얼 세대의 기준이나 특징에 관해 논의하는 건 그다지 유용하지 않을 듯했다. 동일한 시대 배경 속에서도 개인의 성향이나 또래 집단의 특성에 따라 전혀 다른 세상을 살아갈 수 있기 때문이다. 그보다는,『세대를 뛰어넘어 함께 일하기』의 저자들이 제안한 것처럼 각자의 삶에 큰 영향을 준 시대적 사건이 무엇인지 구체적으로 꺼내보기로 했다. 우리는 과연 어떤 사건과 경험과 감정이 쌓여 지금 이 자리에 모여 앉게 된 걸까?

임현택 고등학교 때 전교조 선생님이 생각나네요. 선생님이 추천해주었던 책들을 나름 열심히 탐독을 했습니다. 그 경험을 갖고 대학에 가니 자연스럽게 학생 운동을 하게 되었어요. 집회하고, 파업 현장에 참여하고 그런 걸 당연하게 여기던 때였어요. 생각해보면 힘들기도 했지만, 학생 조직 출범식 할 때 최루탄 터지고, 거리에서 학생과 전경이 수만 명씩 대치하고 투석전을 하는 그 상황이 약간은 마약 같은 작용을 했던 듯해요. 힘들다 도망가야지 하는 게 아니라 의지가 더 생기고 분노가 타올랐죠. 아주 열악한 노동 현장에 고립된 노동자들을 목격하고, 소식을 들을 때 끓어오르는 뭔가가 있었어요.

나중에 민주공원이라는 조직에서 일할 때, 6월 항쟁 20주년을 맞이해서 민주화 운동 기념 사업을 어떻게 할까 의논하는데, 사람들은 대부분 큰 행사를 어떻게 잘할지, 시내 한복판에 차를 다 막고 무대 세우고 그런 걸 떠올릴 때 나는 좀 다른 생각을 했어요. 그냥 조그만 마을 단위에서, 작고 다양하게 6월 항쟁을 기념할 수 방법은 없을까?

그러다 보니 반송마을, 감천문화마을 같은 곳을 만났죠. 6월 항쟁 세대들이 정말 조그만 공부방에서 10년 넘게, 마을 안에서 변화를 만들어온 역사를 확인했어요. 그래서 시민운동, 통일 운동, 그런 잘 알려진 운동들 못지않게 풀뿌리 운동이 중요하다고 생각하게 되었어요. 대학원 가서 관련 공부를 하고, 활동가 네트워크도 만드는 작업을 했던 게 지금 여기서 하는 활동과 연결된 듯해요.

나비 저도 그러고 보니 제일 첫 기억이 전교조네요. 중학교 때였어요. 학교에 몇 명 관심 있는 친구들이 있어서 집회 가서 새벽에 들어오곤 했던 기억이 있어요. 그중에는 고등학교 가서 청소년 운동 하는 애들도 있었고. 현택 님이 말한 그 피 끓는 느낌 정도는 아니었지만, 간접적인 경험은 계속 있었어요. 87년 민주화투쟁 때는 대학 근처에 살아서 최루탄 냄새도 엄청 맡았고, 광주 항쟁 다큐멘터리도 고등학교 때 보고. 아마 사회 문제에 관해 시야를 놓지 않는 계기가 되었을 거예요.

책도 그때 제일 많이 읽었는데, '우리나라에는 제대로 된 게 아무것도 없어'라는 생각을 했던 기억이 나요. 그게 쭉, 마흔 살 무렵까지 이어졌어요. 그렇다고 지금 여기서 꼭 운동을 한다고 생각하지는 않아요. 주어진 일을 잘 해봐야겠다 정도지요.

조아신 저도 비슷할 것 같네요. 87년에 중3이었는데, 대학 근처에 살아서 집에 가는 길에 호프집 문에 "6·29 선언 기념 오늘 맥주 무료"라고 써 붙인 걸 본 기억이 나요. 직접적인 영향을 받은 건 고2 때인데, 전교조가 생기고 교실에서 선생님이 쫓겨나는 걸 봤어요. 밖에서 대학생들이 조직을 했는지, 학교 안에 독서 토론회가 생겼는데 그때 처음 받은 책이 『날아라 장산곶매』였죠. 그 책 읽고 민족주의 입장에서 우리 옷이 얼마나 좋은지, 외세, 미제 콜라, 커피 그런 게 얼마나 나쁜지를 두고 같이 토론했어요. 아마 최초로 사회적인 것에 눈뜬 시기였지 싶어요. 막연하게 재밌기도 했어요. 집회 나가는 것도, 사람들과 우르르 가서 싸우는 것도. 그래서 대학 가면 운동을 하지 않을까 어렴풋이 생각했어요.

대학교 가자마자 강경대 열사부터 두 달 사이에 한 열 명이 연달아 분신하는 사건이 발생해서 상반기에는 거의 거리에 있었어요. 광고 홍보 동아리 연합 엠티 중에 술 먹고 새벽까지 놀다가 강경대 열사 뉴스를 봤어요. 그런데 다들 아무 문제없다는 듯이 놀더라고요. '어떻게 이걸 알면서도 즐겁게 술을 마실 수 있지?' 하는 생각에 동아리 활동에 흥미를 잃었어요.

집회 현장에서 수만 명이 한목소리를 낼 때 정말 마약 같은 느낌, 저도 느꼈어요. 최루탄이 오가도 무섭지도 않고. 그래서 꽤 오래 했죠. 다만 그때도 기존에 하던 걸 똑같이 따라하는 건 싫어했어요.

제대 후 정신 차리고 취직하려다가 IMF 사태가 터지고 여러 가지 이유로 다른 길을 찾던 중에 우연히 모집 공고를 보고 시민 단체에 들어갔어요. 그런데 1년 동안 굉장히 권위적인 조직 경험을 했죠. 간사가 마치 교수들 조교처럼 일하고, 성명서 빨간 줄 피드백 받고. 민주적이지 않은 그런 상황 속에서 부딪치다가 동료들과 나와서 새로 단체를 만들었어요.

그러면서 뭘 새로 만들고, 좀 다르게 하는 걸 지향하게 된 듯해요. 하여튼 뭐 만드는 건 좋아하는데 뒷마무리가 잘 안 되는 게 문제예요. 지금도 그런 욕구는 계속 있는데 다 감당할 수 없으니 자제하는 편이예요.

은날 광주 얘기하니까 대학 때 광주 출신 신입생이 술 먹고 갑자기 "니들이 광주를 알아?" 하면서 분개했던 기억이 나네요. 저도 91년 강경대 열사 사건이 컸어요. 사실 그 일 자체에는 크게 충격을 받지 않았는데, 캠퍼스에서 한 친구가 벤치에 앉아 울고 있기에 왜 우냐고 물었더니 "어떻게 사람이 맞아 죽을 수가 있냐"고 하는 거예요. 그런데 저는 그게 충격이었어요. 나는 왜 아무렇지 않지? 그런데 이 친구는 왜 울지?

그해 많은 일이 있었는데, 영화 상영을 막겠다고 전경과 최루탄 차가 학교 운동장까지 들어오는 걸 보고 이건 정말 말이 안 된다고 생각했어요. 그렇게 언저리에 있다가 한번은 거리 집회에 나갔는데, 어쩌다 보니 앞줄에 앉게 되었어요. 갑자기 앞에서 "각 학교 사수대(시위대 앞에서 전경에 맞서는 집단) 여러분 나오세요" 하는데, 앞에서 어떤 여자들이 와 하고 나서는 거예요. 알고 보니 이대생들이었어요. 거기선 사수대도 여자가 하고, 행사나 집회 때 아시바(철골 구조물)도 여자가 쌓고, 그런다는 게 너무 놀라웠어요. 우리 학교는 덩치 큰 남자애들이 사수대에 불려 나가고 여자들은 뒤에서 대자보 쓰고 편집하고 그랬는데 말이에요.

졸업하고는 취업 말고 계속 운동을 해야겠는데 공장으로 들어가는 건 못하겠더라고요. 그러다 부문 운동론이란 걸 접했어요. 환경 운동, 여성 운동, 그렇게 다양한 운동이 있는데 그중에서 내가 평소 불편과 불만을 느끼던 것을 잘 설명해주는 게 여성 운동이었어요. 그래서 여성 단체에 들어갔죠.

한참 뒤에 2008년 광우병 쇠고기 수입 반대 촛불 시위가 있었어요. 한 달 정도 거리에 살다시피 하면서 동료들과 우리가 여기에 왜 있는지, 어떻게 함께할 건지 토론을 많이 했어요. 여성 운동은 어디까지 적극 개입해야 하는지, 급격한 사회 변화에 어떻게 대처해야 할지 고민하면서 조금은 다른 틀로 사회를 보고 싶다는 생각을 했어요. 단체에서 노동 관련 활동을 주로 했더니 여성 운동 아니면 노동 운동만 접하게 되더라고요. 단체 그만둔다고 여성 운동 안 할 건 아니니까, 일단 그만두고 잠깐 있을 생각으로 재단에 들어왔는데 어느새 10년이 다 되었네요.

오관영 앞에 분들이 87년을 보고 운동했다면, 저는 80년 광주가 있었어요. 옛날 교복 입던 마지막 세대였죠. 고등학교 때 형들은 상고를 갔는데 저는 은행 같은 데서 일하는 건 안 맞겠다 싶어서 공고에 갔어요. 어서 졸업해서 취업하는 게 제게 주어진 삶이었어요. 그러니 공부할 일이 없죠. 열심히 놀았어요. 친구들이랑 텐트 메고 대천이니 강촌이니 여행도 많이 다녔어요. 폼 잡는다고 문학반 활동 좀 했고. 그러다가 3학년 2학기가 되어서 취업하려고 자동차 회사에 면접을 보러 갔어요. 당연히 채용되는 자리였어요. 그런데 관리자들 태도가, 사람 취급 안 하는 느낌이었어요. 너무 마음에 안 들어서 저 회사를 꼭 들어가야 하나 고민하다 아니다 싶어서 대학을 가기로 했어요.

그러고 재수를 했죠. 집에서 지원은 당연히 못 해주고, 학원에 칠판 닦으면 돈 안 내고 다닐 수 있는 제도가 있었어요. 그걸로 1년 열심히 다니고 대학에 갔어요. 지금은 그런 건 불가능하죠. 아무튼, 열심히 공부할 생각으로 학교 갔는데 4월에 일이 터졌어요. 그날이 4·19 기념일이었거든요. 도서관에 가다가 일명 "동뜨는" 장면을 목격했어요. 대학에 전경이 상주하던 때라, 데모하려면 누구 하나 유리창 깨고 밧줄에 매달려야 했어요. 유인물 뿌리면서. 그걸 동뜬다고 하는데, 한 3분이나 버티나? 그러다 달려온 경찰에게 끌려가고, 학생들은 스크럼 짜서 도는데 밖에는 못 나가고 전경들 피해 도망 다니다가 해산하고 그랬어요.

그날 모르는 여자 선배가 도서관에서 밧줄 타고 동뜨다가 머리채 잡혀 끌려가는 걸 본 거예요. 어쩌다 보니 제가 데모대 맨 앞에 서서 돌고 있더라고요. 그다음부터 갑자기 친한 척하는 선배들이 생기고, 학습 모임 오라고 꼬드겨서 들어가 공부하고 그랬어요. 학습 자료는 일본 책을 번역한 필사본이었어요. 리영희의 『전환 시대의 논리』도 한참 뒤에 나왔으니까. 그리고 1년 후에 공장으로 갔죠. 졸업은 안중에 없고 공장 가든 빈민 운동하든 농촌으로 가든, 선택지가 다 그런 것들이었어요. 저야 공고 가려고 했으니까 당연히 공장으로 갔죠. 구로공단 가서 봉제 공장 재단사 시다로 일을 시작했어요. 하루 일당이 2,700원 정도였던가.

그때 우리 운동 원칙은 선점해라, 조직해라, 투쟁해라 이 세 가지였어요. 그러니까 당연히 노동조합 만들고, 전노협 만들고. 그러다가 87년 지나고, 95년인가 민주노총 만들어지면서 현장 노동자들이 지도부로 올라가고 하니까 나 같은 학출(학생 운동 출신)이 굳이 할 일이 없겠다 싶었어요. 사회주의권이 망하면서 고민하던 사람들 중 일부가 시민운동으로 가기도 했고. 노동 운동 정리하고는 지역에서 계속 활동하겠다 생각하고 지역 신문도 만들었어요. 1년 뒤에 예전에 같이 노동 운동했던 선배에게서 연락이 와서 한 2,3년 시민운동 배우고 돌아오자는 생각으로 갔어요. 그런데 1년 만에 조직에 문제가 생기는 바람에 싹 나와서 단체를 새로 만들었죠. 조아신도 같이한 그 단체. 그 길로 쭉 시민운동을 했네요.

활동하면서 보니까 의외로 시민운동이 수명이 짧더라고요. 실무 책임자, 사무처장 하면 오십 대 정도에 끝이 나요. 그러면 그다음에 뭘 할까? 선배들 보니까 잘못하면 정부와 시민 단체 사이의 브로커 되기 십상이더라고요. 정치권 주변을 맴돌거나, 아니면 아예 직접 정치로 가거나. 나는 그건 안 맞겠다 싶어서 산내로 내려왔어요. 10년 정도 더 활동하면 내 인생에 할 운동은 다 하겠지 생각했는데 이제 3년 남았어요.

누리 사회 운동이라면 지금 있는 지리산이음이 거의 처음이에요. 특별한 사명감이 있어서 일을 하고 있는 건 아니고, 당분간은 월급이 끊기진 않을 것 같아서…. 27년 인생을 빠르게 훑어봤는데 접점이 거의 없네요. 가장 뜨거웠던 순간을 꼽으라면 초등학교 3학년 때쯤? 그때 반 아이들이 한 친구를 괴롭혀서 제가 대자보를 붙였어요. 자세한 상황은 기억이 안 나지만요.

부모님 두 분 다 '좌파'예요. 귀농하셔서 이 지역에 왔고, 저는 중학교 2학년까지 대안학교 다니다가 자퇴하고 쭉 혼자 있었어요. 그러다 보니 단체 생활 경험도 없고 아무래도 이대로는 안 되겠다 싶어서 대학에 갔어요. 혼자 상경해서 생활하는 것도, 또래 집단에 있는 것도 힘들었어요. 따라잡는 데 급급했죠.

그때 대학 내 학생회 후보들은 운동권이 아니라는 걸 셀링 포인트로 들고 나오던 시기였어요. 친구들과도 모이면 세월호 같은 큰 사건에 관해서는 이야기를 해도, 결국에는 뭐 해서 먹고살까, 취업이 되긴 할까 하는 문제로 대화가 귀결되었어요. 저도 일단은 스펙을 열심히 쌓았죠. 취업해서 서울에 눌러앉을 생각이었는데 잘 안 되었어요.

학교 다닐 때는 농협에서 운영하는 기숙사가 있었는데, 그게 부모님이 농부라서 얻을 수 있는 몇 안 되는 이점이었어요. 졸업하고 나니까 집이 필요한데 구하기 어렵더라고요. 지금까지 서울이라는 곳에 속해 있다고 생각했는데 그게 아니라는 걸 깨닫고 내려왔어요. 잠깐 있으려고 했는데 지금까지 왔네요. (왜 잠깐 있으려고 했어요?) 연극, 뮤지컬 굉장히 좋아하는데, 여긴 별 게 없다고 생각했거든요.

제 의지로 처음 가본 집회는 강남역 집회예요. 그때까지는 서울에 있었는데, 세월호 때도 못 나갔던 걸 강남역에는 찾아갔어요. 제 또래 여자 친구들은 거의 그랬어요. 여대에 다녔는데, 주위에서 여대생에 관해 하는 말들이 되게 혐오적이었지만 이전까지는 크게 인식을 못했어요. 연극, 뮤지컬도 1년에 50편에서 100편씩 밥 굶으면서 봤는데, 생각해보니까 작품 속에서 우정이든 증오든 애정이든 중요한 감정선은 다 남자가 맡고 있었더라고요. 내가 왜 거기에 이입하고 있었을까 회의가 들었죠.

지금 산내에서는 지역 관련 활동을 하고 있는데, 여성으로서의 정체성에 비해 지역 정체성은 덜한 편이에요. 그런데 이번에 서울에서 통신 불통되었을 때, 지방에서 같은 일어나도 이렇게 경각심을 가졌을까 싶었어요. 경주 포항 지진도 그랬고, 태풍이 오거나 할 때 수도권에 미칠 영향만 생각하는 게 불공평하다고 느껴요.

지금까지 어떤 일을 길게 해본 적이 없어요. 짧게 하고 그만둔 일들을 돌이켜보면 그때 좀 더 오래 잘해보려 했으면 어땠을까 생각하곤 해요. 지리산이음에서 일한 지 1년이 되어가니까 그런 생각이 드네요. 그냥 후회하지 않을 정도로는 해보고 싶어요.

하무 제 부모님은 좌파나 운동권이 아니었는데, 실상사 도법 스님과 연이 있어서 고등학교를 대안학교로 갔어요. 학교 분위기가 사회 운동과 밀접한 편은 아니었지만 밀양 송전탑 투쟁 사진전이 열리거나 그랬던 건 기억이 나요. 주변에 제주 강정마을, 밀양 같은 데 가서 연대 활동하는 사람들도 있었어요. 그래도 내 삶과 직결된다고 느낀 건 아니고, 저런 활동을 하는 사람들도 있구나, 멋있다, 그 정도였어요.

고3 때 음악에 관심 있어서 서울 홍대 앞의 작은 인디레이블에 인턴으로 갔어요. 그때 마침 두리반 철거 투쟁이 진행 중이었는데 그게 제게는 앞에서 다른 분들이 이야기한 "마약 같은" 경험이었어요. 어떤 조직에 속하거나 활동가로 있었던 건 아니지만, 투쟁 현장이 사무실 바로 옆이어서 연대하는 마음으로 지켜봤어요.

이전에 알고 있던 운동과는 아주 다른 방식으로 즐겁게 활동하고, 새로운 문화를 만들어내는 모습이 굉장히 크게 와닿았어요. 게다가 승리했고. 그런데 나중에 그 과정을 담은 다큐멘터리를 보고 되게 충격을 받았어요. 아, 이렇게 반자본적, 반사회적 투쟁을 했는데 그 성과는 결국은 두리반이라는 칼국수집을 다시 자본주의 속으로 온전히 옮겨놓는 거였구나, 하고.

군대 갔다 와서는 이전에 하던 일을 더 하고 싶지 않았어요. 산 내에 가족들이 있어서 잠깐 내려왔다가 마지 식당 일도 하고 그러다 보니 어느새 4년이 지났네요.

지역에서 활동하는 게 내 삶의 화두는 아니라도 그게 어떤 의미인지는 관련 활동을 하는 친구들을 통해서 어렴풋이 느끼고 있었어요. 그런데 막상 당사자가 돼보니까 화나는 일도 많고, 서울에서는 보이지 않던 불공평한 현실도 느껴지고 그래요. 뭔가 하면 다 서울 중심이고, 지역에 있는 사람들은 주변인이 되고 지워지는 느낌. 서울로 돌아가고 싶지 않더라고요. 그래서 계속 이렇게 살아야겠다 했는데 마지도 문을 닫았고, 지리산이음에서 일하자는 제안을 받았을 때 '아, 굶어죽지는 않겠다' 싶어서 받아들였어요. 일 경험으로 해보자, 그렇게 시작한 거예요.

세대 확장과 조직의 가치

이야기를 나누는 동안, 어느새 크고 작은 현대사의 발자취가 우리들 사이를 어지럽게 날아다녔다. 그 날갯짓에 마음이 적잖이 울렁였다. 이십 대에서 오십 대까지, 각자의 삶에 뚜렷한 자취를 남긴 역사적 사건에 관한 섬세한 고민의 결이 엿보였다.

한편으로는 그러한 시대적 차이를 뛰어넘어 공통으로 드러나는 지향이 있었다. 정의롭지 못한 현실에 대한 분노, 이웃을 향한 관심, 자기 삶을 책임 있게 살고자 하는 의지 같은 것 말이다. 다소 일반화된 세대론에 따라 개인을 파악하고 판단하려는 시도가 무력해지는 순간이었다. 세대는 단순하게 연결되는 것이 아니라 다채롭게 확장되고 있었다.

중학생 때 전교조 사태를 목격하고 사회의 모순을 드러내는 책을 읽으며 '우리나라에는 제대로 된 게 아무것도 없어'라고 생각하게 된 나비의 잠재된 분노는 "다른 방식으로 즐겁게 활동하고, 새로운 문화를 만들어"내던 반자본적 두리반 투쟁도 결국은

자본주의의 틀 안에서의 변화와 적응으로 귀결될 수밖에 없다는 데 충격을 받은 하무의 좌절과 이어진다.

고등학교 졸업을 앞두고 면접을 보러 간 자리에서 "사람 취급"하지 않는 관리자들의 태도에 등을 돌린 오관영의 감각은 "중요한 감정선은 다 남자"가 독점한다는 사실을 깨닫고 그토록 좋아하던 연극 뮤지컬에 흥미를 잃은 누리의 경험과 이어진다.

여자도 "사수대"를 하고 "아시바"를 쌓을 수 있다는 걸 목격하고 여성주의에 주목한 은날의 경험은 민주화운동을 기념하느라 "차를 다 막고 무대를 세우는" 대형 행사에만 골몰하는 주변과 달리, 그 광장에 있었던 사람들 각자가 걸어온 촘촘한 삶의 궤적에 관심을 기울인 임현택의 시선과 만난다.

광장에서 청춘을 보낸 이들이 말하는 "피 끓는", "마약 같은" 느낌을 직감하진 못했어도 두리반 투쟁과 강남역 집회를 통해 그와 엇비슷한 감각을 체험했다는 하무와 누리의 이야기는 부정의한 현실에 대항하는 연대의 힘이 세대와 시대를 불문하고 나타나는 것임을 새삼스레 느끼게 해준다.

사회 운동을 향한 소명을 놓지 않되 자신에게 맞는 운동과 삶의 방식을 찾아 노동 운동에서 시민운동으로, 서울에서 지역으로 삶을 전환한 오관영의 경험과, "사람들이 뭘 원하는지 파악하고 스스로 주도해나갈 수 있게 도와주고" 싶다는 조아신의 태도는 "꼭 운동을 한다는 생각을 하지는 않"지만, "일 경험"으로, "후회하지 않을 정도로" 일해보고 싶어서 현재의 일을 선택한 나비, 하무, 누리에게 기회의 장을 열어주는 마중물이 된다.

이처럼 이들의 이야기는 하나의 선이 아니라 느슨한 그물망처럼 이어져 있다. 동심원에서 퍼져 나가는 듯 싶다가도 나란히 모여 달리고, 다시 서로 다른 방향으로 가지를 뻗는다. 이 결을 무시하고 뭉뚱그려 굵은 직선 위에 점으로 찍을 수는 없는 노릇이다. 여기서 굵은 직선은 조직, 점은 역할이다.

처음부터 내가 회의감을 품고 있던 사회 운동 조직의 한계가 바로 이것이다. 거대하고 추상적인 가치를 앞세우고 개인이 하나의 부품처럼 그 가치를 실현하는 도구로 존재하는 형식 말이다. 그 안에서는 한 사람이 하나의 역할로 쉽게 대체되고, 건강한 반대 의견이 냉소와 배신으로 낙인찍히기 쉽다. 각자가 지닌 내면의 동기는 전혀 목소리를 갖지 못한다.

이런 한계를 극복하는 대안으로 최근에는 1인 활동가 또는 독립 활동가의 느슨한 네트워크가 조명을 받곤 한다. 자율성과 자발성, 창조성을 바탕으로 무엇이든지 시도할 수 있는 자유로운 활동이어서다. 정보 통신이 크게 발달한 덕에 일하는 공간도 특정한 사무실이나 책상으로 고정할 필요 없이 자유롭게 옮겨 다니는 디지털 노마드적 생활 방식을 추구할 수도 있다. 돌이켜보면 조직을 떠난 후 수년 동안 나 자신도 이런 방식을 시도해온 셈이다. 꽤 마음에 들고, 기대하지 않은 결실도 종종 거두었다.

하지만 그 이전에, 내가 오관영과 조아신을 포함해 실력 있고 지혜로운 동료들과 한울타리에서 보낸 십여 년이 없었다면 그것이 가능했을까? 세상에는 나쁜 의도와 나쁜 구조로 타인을 옭아매는 사람도 많지만, 사실은 좋은 의도와 성실한 태도로도 넘기 어려운 벽이 존재한다는 사실을 몰랐다면? 그렇다고 그 시도와 실험이 무가치하다고는 말할 수는 없으며, 단단한 벽이 주는 두려움과 부담도 때로는 신뢰하는 동료의 힘으로 극복할 수 있음을 체험할 기회가 없었다면, 과연 그럴 수 있었을까? 내가 지난 몇 년에 걸쳐 조직이나 성과에 매몰되지 않으면서도 좌표 없이 둥둥 떠다니는 기분에 사로잡히지 않고 조금씩 내 자리에서 뿌리를 내릴 수 있었던 것은 분명 그 시간과 공간이 내게 천천히 만들어준 다양한 관계와 경험 덕분이었다.

이 생각에 다다랐을 때, 그리 크지도 않은 시골 마을에서 더 넓은 지역과 세대를 아우르는 대안적 조직을 만들어보려 한 이들의 의도가 어렴풋이 와닿았다. 조직은 특정한 목표를 추구하기 위해서만이 아니라, 다양한 존재가 깃들이고 서로 만나고 때로 대립하면서 자기 세계를 천천히 만들어갈 수 있는 울타리를 제공하기 위해서도 존재할 만한 가치가 있다.

작게는 사적 공동체에서 크게는 국가나 종교, 전 지구적 인류애에 이르기까지, 우리는 어딘가에 소속됨으로써 저마다 홀로 떨어진 섬이 아니라 세심한 생태계에 연결된 존재임을 인식할 수 있다. 문제는 그동안 이런 생태계가 개인을 지나치게 옭아매거나, 일방적으로 제어할 수 있는 도구나 재료로 취급하는 경향이 강했다는 것이다.

그런 측면에서, 조직의 체계와 장기적 계획 같은 것을 크게 염두에 두지 않고 열어두는 지리산이음이라는 단체의 존재감이 드러난다. 누리가 말했듯 지리산이음은 구성원이 "함께 만들어"간

2018년 지리산포럼 개최 모습

다고 인식할 만한 조직이다. 정상순이 지적한 대로 "어떤 아이디어나 제안이 있을 때 곧바로 '합시다', '이렇게 갑시다'라고 할 수 있는 것도 권력"이라는 점을 염두에 두면서, 오관영의 말대로 자신이 큰 그림을 그렸더라도 "앞으로 계속 해나갈 사람들의 판단이 중요"하다는 전제를 잊지 않으면서 말이다.

누구나 간단히 따라 하기는 곤란할 만큼 지리산이음이 가진 것이 많았던 것은 사실이다. 어쨌거나 큰 그림을 그리는 안목도 있고, 자기가 가진 경험과 기술을 살려 복잡한 행정 처리나 모금, 기획 같은 일을 도맡을 수 있는 사람들이 있으니 현숙처럼 "사람을 무겁게 하는 건 역할과 책임"이라는 교훈을 새기면서, 하무처럼 "뭐 어떻게 되겠죠"라는 마음으로 일을 시작하고, 나비처럼 "기왕 왔으니 좀 잘 지내고 싶다"는 마음을 이어나갈 수 있는 것이다. "조아신이 하자니까", "잘 몰라도 밀어주고 싶어서" 덥석 일을 맡는 마을 주민 주상용이나 정상길, 시골살이학교 강사 나무, 이주승, 류순영 같은 사람들이 있기에, 필요한 곳이면 어디든지 나타나 말없이 제 역할을 하고 사라지는 임현택의 존재감이 드러난다. "사회 운동의 흐름이 딱 끊어진 것 같다"고 걱정하며 사회를 변화시키는 운동의 성장을 지원하려 나선 아름다운재단의 변화의시나리오 인큐베이팅 사업은 이 울타리가 행여 초반에 휘청이다 넘어지지 않게 든든히 뒷받침하는 역할을 했다.

그렇지만 아무리 질 좋은 토양이라도 나무가 처음 뿌리를 내릴 때는 철저히 혼자일 수밖에 없다. 주위와 적당히 떨어진 상태에서 자기 뿌리에 맞닿은 흙과 대립하거나 조응하며 적응할 시간을 가져야 한다. 그 뿌리와 흙 사이로 미생물과 곤충이 드나들며 숨 쉴 구멍과 양분의 통로를 만들어주면, 그 덕에 더 많은 뿌리가 서서히 뻗어 나간다. 누군가 때맞춰 물과 거름을 주고, 해충을 쫓고, 주변을 정돈해줘야 하는 것은 물론이다. 그런 과정을 충분히 거쳐야만 어느 순간 멀리 떨어져 있는 줄 알았던 이웃 나무와 연결되고, 자기 존재의 반경을 확보하고도 더는 혼자 고립되지 않은 채 무성한 숲을 이룰 수 있다.

다시, 이야기는 모두 다르게 연결된다. 그 과정을 통해 사회적 불평등과 세대 갈등, 지역과 지역의 거리를 뛰어넘는 우리 시대 새로운 관계망이 조금씩 모습을 드러낼 수 있을 것이다. 그러자면 하나의 전략이나 구조에 모든 것을 쓸어 담는 게 아니라, 빈

구석과 모호한 지점 사이에서 가끔 반짝 나타나는 변화에 주목할 수 있는 집중력과 유연함이 필요하다. 지리산이음을 통해 나는 운 좋게 그 모습을 미리 엿볼 수 있었다. 부디 함께 지켜본 사람들도 그러하기를. 그리고 천천히, 자기가 선 곳에서 주위와 다르게 이어져가기를.

지리산이음 세부 활동 연혁

2012년

- 3월 산내마을에 소통, 배움, 나눔의 문화 공간을 열기 위한 논의 시작
- 5월 현 마을 카페 토닥이 자리 잡고 있는 토지, 건물(전북 남원시 산내면 대정길 127) 매입
- 6.20 '지리산문화공간' 이름의 비영리 임의단체 설립 등록
- 8.23 '지리산문화공간' 이름을 '토닥'으로 결정
- 8.24 토닥 페이스북 페이지(facebook.com/jirisantodak) 개설
- 8.29 토닥 리모델링 공사를 위한 소셜펀딩, 아름다운재단 개미스폰서 서비스 통해 시작
- 10.20 '지리산문화공간 토닥' 정식 오픈
- 11.5 카페 사업을 위해 '마을 카페 토닥' 사업자 등록
- 12.28 청소년 공간(현 모임 공간) '재미' 오픈
- 12.29 토닥 설립과 함께해주신 분들을 모시고 토닥 송년회 개최

2013년

- 1.15 게스트하우스 사업 '토닥이네 민박'(김영길 회원 집 2층) 위탁 운영 시작
- 2.1 마을신문 관련 특강 "마을신문을 통해 변한 것들"(부산희망세상 김혜정) 개최
- 2.15 감꽃홍시 게스트하우스(조회은 회원 집) 위탁 운영 시작

- 3.2 데일리드로잉 특강 "매일매일 그리는 어른들의 그림일기"(인천영화제 마법사) 개최
- 4.16 매주 1회 마을 주민을 대상으로 포토샵 한 달 강좌(산내 주민 윤진영) 개최
- 4.17 지리산문화공간 토닥 엽서형 리플렛 제작 및 배포
- 4.25 감꽃홍시 게스트하우스 레지던스 프로그램 시작
- 5.9~10 [마을학교 다락] "마을과 건축디자인에 숨겨진 다양한 이야기들"(건축디자이너, 마을기획가 조반장) 강좌 개최
- 5.10~11 [마을학교 다락] "나의 가족, 마을 이야기 글쓰기"(부산민언련 복성경) 강좌 개최
- 5.27 토닥 손모내기 소풍 행사
- 6.5~6 [마을학교 다락] "음식을 보는 두 개의 시선"(음식문화사 전문가 고동균) 강좌 개최
- 6.14~15 [마을학교 다락] "내가 낸 세금은 어떻게 쓰이고 있나?"(좋은예산센터 오관영)
- 6.29~30 [마을학교 다락] "생활 속 음악인으로 즐겁게 살기"(아마추어 인디밴드 씰룩밴드) 강좌 개최
- 6월 2013년 아름다운재단 인큐베이팅 지원사업에 '지리산커뮤니티 이음' 최종 선정
- 7.29 협동조합 관련 작은 강좌(풀뿌리자치연구소 이음 하승우) 개최
- 8.9 [마을학교 다락] 청소년 프로그램 "사진과 영상으로 일상을 기록하는 방법"(영상기록자 고두헌) 개최
- 8.9~10 [마을학교 다락] 청소년 프로그램 "드로잉으로 말하는 방법 배우기"(글 그림 작업자 김애영) 개최
- 8.15 청소년 진로놀이터 프로그램(청소년 전문가 김지수) 개최
- 9.11 아름다운재단 변화의시나리오 인큐베이팅 지원 단체 선정

- 9.27~28 [마을학교 다락] "대안 에너지의 적정기술 - 로켓보일러 만들기 수업"(흙부대네트워크 김성원) 개최
- 9.30 온라인쇼핑몰 '지리산토닥가게' 오픈
- 10.3 토닥 벼 베기 소풍 행사
- 10.16 [마을학교 다락] "모이고 떠들고 꿈꾸는 새로운 방법- 마을신문 워크숍"(도봉N 이창림) 개최
- 10.20 지리산문화공간 토닥 1주년 생일잔치
- 11.25 여성 싱어송라이터 4인의 작은 음악회(비포장시대)
- 12.15 피터 김용진 X 힙합그룹 세남자의 작은 음악회
- 12.22 산내에서 피아노 배우는 아이들의 작은 음악회
- 12.31 '지리산이음' 이름의 비영리 임의단체 설립 등록

2014년
- 2.15 정봉현의 바람꽃 작은 음악회
- 5.13 지리산이음, 지리산권 커뮤니티를 조사하기 위한 인터뷰 작업 시작

- 5.24~25 토닥 손모내기 소풍 행사
- 5.31/6.15 "지리산! 숲과 생태, 그리고 생태여행 이야기" 프로그램(with 자연놀이터 그래) 개최
- 6.14~15 마을신문 제작자들이 함께하는 "전국마을신문워크숍"(with 산내마을신문) 개최
- 6.28 마을 가수들의 합동 음악 공연 "셋이.뿅"
- 8.23~9.1 제1기 지리산 시골살이학교 개최
- 9.28 산내 예산공부모임(지리산이음 오관영)
- 10.17 싱어송라이터 솔가와 이란의 작은 음악회
- 11.3 [지리산이음 워크숍] 커뮤니티 공간 워크숍 개최
- 11.16 [지리산이음 워크숍] 적정기술 워크숍 개최
- 12.5 [지리산이음 워크숍] 납세자운동 워크숍 개최

2015년
- 3.3 산내 봉사모임, 두꺼비, 게미, 놀이단에 토닥 기금 전달
- 5.23~29 제2기 지리산 시골살이학교 개최
- 3.16 지리산에살래와 함께 지리산에살래펀드 운영 시작(with 산내농부/창작자모임 지리산에살래)
- 7.19~24 제1회 서울X지리산 청년공존캠프 개최(with 서울시청년허브)
- 8.23~28 제2회 서울X지리산 청년공존캠프 개최(with 서울시청년허브)
- 10.17~23 제3기 지리산 시골살이학교 개최
- 10.9~11 "지리산이음포럼2015 - 100가지의 세상을 보는 색다른 생각" 개최
- 10.10 제1회 지리산어쿠스틱음악회 "지리산의 가을, 어쿠스틱으로 물들다"
- 11.27 지리산이음의 지리산권 커뮤니티를 인터뷰한 책 『시골생활』(정

상순 지음, 문학과지성사) 출간

2016년

- 1.23 노래하는 동네 가수 이내의 따뜻한 시도, 작은 음악회(with 문화기획달, 무검산방)
- 5.14~20 제4기 지리산 시골살이학교 개최
- 6.30 지리산이음 사회적협동조합 설립 인가(행정자치부)
- 7.20 숙박형 교육공간 지리산이음교육센터 자람 운영 시작
- 8.10~14 지리산 시골살이학교(1~4기) 심화과정 개최
- 8월 산내 주민 가수 여명효 콘서트
- 10.1~3 "지리산이음포럼2016-지리산에서 청년을 이야기하다" 개최
- 10.2 제2회 지리산어쿠스틱음악회 "지리산의 가을, 어쿠스틱으로 물들다"
- 12.20 산내 기타 동아리 산토끼 정기 공연
- 12.20 토닥 연말 송년회 개최, 산내 봉사 모임 두꺼비, 게미, 산내놀이단에 토닥 기금 전달

2017년

- 2.16 지리산청년활력기금 홍보 및 기금 관리 역할 시작
- 4.17 지리산이음 페이스북 페이지(facebook.com/jirisaneum) 개설
- 4.29~5.4 제5기 지리산 시골살이학교
- 6.28~7.1 지리산X청년도서관 1회 "대안을 꿈꾸는 청년들의 사람책도서관"(with 서울시청년허브)
- 7.15 "지리산포럼2017 - 청년섹션 기획자 사전 워크숍" 개최

- 8.9~12 지리산X청년도서관 2회-전환을 위한 삶의 기술(with 서울시청년허브)
- 9.13~16 지리산X청년도서관 3회-삶의 전환을 위한 일상예술(with 서울시청년허브)
- 9월 사회적협동조합 지리산이음 지정기부금 단체 지정(기획재정부)
- 9.1~3 "지리산포럼2017-시민 사회, 경계를 넘어 새로운 관계망으로" 개최
- 9.2 제3회 지리산어쿠스틱음악회 "시원한 지리산의 바람, 어쿠스틱을 만나다"
- 9.10~ 시골-사람-책방 프로젝트, 어쩌면 시골책방 1기 모임(총3회)
- 9.30~ 시골-사람-책방 프로젝트, 어쩌면 시골책방 2기 모임(총3회)
- 10.20~23 "지리산포럼2017-청년섹션 공동기획자 회고 워크숍" 개최
- 11.16 지리산X청년도서관 결과 책자 발간
- 11월 말 개인 소유였던 토닥의 건물과 토지, 지리산이음에 기부
- 12.16 "시골생활 컨퍼런스-여섯 가지 시골생활 이야기" 개최(in 서울)
- 12.24 토닥 송년회 개최, 지리산문화공간 토닥과 지리산이음의 통합을 회원에게 공지

2018년
- 2.8 사회적기업 (주)바이맘, 지리산이음을 통해 산내면에 난방 텐트 기부
- 3.9 지리산이음, 아름다운재단과 함께 '지리산 작은변화지원센터' 운영 시작
- 4.3 지리산문화공간 토닥 소식지 발간
- 4.20 "아는 게 힘이다-정보공개청구의 모든 것" 강좌(with 정보공개센터) 개최
- 4.21~22 지리산 작은변화지원센터 지리산권 협력 파트너와 함께하는

소통 워크숍 개최
- 4.30 지리산 작은변화지원센터, 작은변화 시나리오 지원사업 공고
- 5.19~25 제6기 지리산 시골살이학교
- 6.19~22 "손과 손이 만나는 캠프"(with 비전화공방서울, 삼선재단) 개최
- 7월~ 지리산권 협력파트너들과 모떠꿈 워크숍(with 민주주의기술학교) 매월 개최
- 7.2 지리산작은변화지원센터, 하반기 공익활동 지원사업(작은강좌-작은조사) 공고
- 8.26 지리산작은변화지원센터 공부 모임 개최-풀뿌리운동(with 더이음 이호)
- 10.6~9 "지리산포럼 2018-작은 변화를 만드는 사람들의 이야기" 개최
- 11월 공익단체 활동가 쉼 프로그램 "일시정지 프로그램" 운영(with 부산시민운동지원센터)
- 12.30 지리산이음-토닥 성과 공유회 및 기금 전달식 개최

지리산이음과 함께하는 사람들

이사회

- 오관영(지리산이음 이사장)

- 윤정숙(녹색연합 공동대표)

- 윤정준(길컨설턴트, 전 숲길 기획이사)

- 이해정(파프리카인터내셔널 대표, 전 과천풀뿌리 대표)

- 이호(더 이음 공동대표, 전 풀뿌리자치연구소 이음 소장)

- 임현택(지리산작은변화지원센터장)

- 조아신(지리산이음 기획이사)

- 최세현(간디농장 농장지기, 지리산초록걸음 대표)

- 최석민(지리산문화공간 대표

지리산작은변화지원센터 및 사무국

- 임현택(센터장)
- 나비(회계, 총무)
- 쭈이(지원사업)

- 조아신(기획, 대외 협력)
- 누리(홍보사업)
- 하무(지원사업)

마을카페 토닥

- 나비(토닥 대표)
- 누리(토닥 매니저)

- 김현숙(토닥 총괄 매니저)

사회적협동조합 지리산이음 정관 전문*

우리나라 국립공원 1호인 지리산은 전북 남원시, 전남 구례군, 경남 함양군, 산청군, 하동군 등 3개도, 5개의 시군, 1,400여 개의 마을이 있다. 이곳 지리산은 자립과 자치의 가지를 가지고 협동하며 살아가는 사람들이 많은 곳이다. 전통적인 마을 문화는 협동하고 자립과 자치를 하는 것이었다. 도시화되고 현대화되는 지금의 사회에서도 지리산 곳곳에서 전통적인 마을 문화가 지켜지고 있고, 그런 문화와 함께 살기 위해 지리산으로 사람들이 모여들고 있다. 새롭게 지리산에 터전을 잡은 사람들은 마을 문화를 배우며 더 넓은 의미의 협동과 자립·자치의 가치를 키워가고 있다.

 마을과 지역 문제를 협동 방식으로, 주체적이고 자립적으로 풀어나가는 지리산 사람들 삶의 모습은 돈과 권력이 집중되어 병들어 있는 우리 사회에 새로운 대안이 될 수 있을 것이다.

'마을 카페 토닥', '감꽃홍시 게스트하우스' 등의 공간을 통해 다양한 사업을 해 온 지리산문화공간 토닥과 '지리산에살래 펀드', '지리산 시골살이학교', '지리산 여행협동조합', '산내 청춘밥상' 등 프로그램을 지원해온 지리산이음이 함께하여, 지리산을 넘어 협동과 자립과 자치라는 대안의 가치가 더 넓게 소통되고 공유될 수 있는 기반을 만들기 위해 사회적 협동조합 지리산이음을 만든다.

 조합은 마을과 지역의 문제를 국가와 시장에 의존하지 않고 사람들이 협동의 방식으로 주체적이고 민주적으로 풀어가는 것이 우리 사회의 대안적 변화를 이끌어내는 중요한 가치가 될 수 있도록 노력할 것이다.

* 총 8장 73조의 정관 중 전문만 수록하였음.

아름다운재단
변화의시나리오 인큐베이팅 지원사업

풀뿌리단체는 우리 사회와 소외된 사람들을 위해 삶의 터전인 우리 동네, 우리 마을이라는 작은 곳에서부터 변화와 대안을 모색하고 있습니다. 이러한 단체는 지역을 기반으로 하여 소외된 이들과 사회적 약자, 또 지역 주민들과 함께 호흡하며 함께 잘사는 사회를 만들기 위해 애쓰고 있습니다. 하지만 공익에 헌신하는 좋은 취지에도 불구하고 시민들의 후원이나 정부의 지원이 부족하여 희망을 펼치는 데 어려움을 겪거나 한계에 봉착하기도 합니다.

아름다운재단은 이들이 만들어가는 변화의 시나리오가 현실이 되고, 우리의 삶과 세상을 아름답게 변화시킬 수 있도록 힘을 보태고자 '변화의시나리오 인큐베이팅 지원사업'을 펼치고 있습니다.

1. 사업 목적

지역과 사회 각 분야에서 자생적으로 발생하는 이슈와 이에 따른 자발적 움직임이 공익 단체 생성으로 이어지도록 인큐베이팅의 기회를 제공합니다.

2. 지원 내용

준비 기간 및 사업 기간(3년 3개월) 동안 최대 2억 원의 사업비를 지원합니다.

3. 지원 대상

시민 참여와 소통을 기반으로 지역·시민 자치, 사회를 위한 소수자 운동, 사회를 위한 문화·환경·대안 콘텐츠, 공정한 국제 연대를 주요 활동 내용으로 공익적 시민사회단체를 설립하고자 하는 개인이나 모임을 대상으로 합니다.

4. 핵심 방향

① 단체 활동에 기반한 지원
- 단체 설립 초기 지원을 통해 지원 단체가 사회 변화를 이끌어가는 주체로 자립하여 활동할 수 있는 기반을 마련합니다.
- 단체가 공익 활동을 직접 '계획하고, 활동하고, 평가하는' 것에 기반하여 지원합니다.
- 단체의 공익 활동을 구축하기 위한 사전 요소(인큐베이팅의 경우 설립 자체)를 지원합니다.

② 단체와 재단의 파트너십
- 재단은 선정된 인큐베이팅 사업의 수행자가 원활하게 인큐베이팅될 수 있도록 인적, 물적, 정보적 기재를 제공하고 연결해주는 조력자 역할을 수행합니다.
- 재단은 공익 활동의 실제적 파트너로서 수행 사업에서 시민(기부자)과의 연결고리를 담당하는 역할, 단체는 수행 사업의 현장을 담당하는 역할을 함으로써 재단과 단체가 수행 사업을 함께 만들어가는 파트너십을 구축합니다.

③ 단체 간 네트워크
- 단체와 단체 간 당사자들의 경험 공유를 통해 효율적인 자립 계획을 수립할 수 있습니다.
- 지원 단체 간 친목을 도모하여 자발적 상호 지지 그룹을 구성할 수 있

습니다.

④ 지원 체계 수립
- 재정 지원이 주를 이루던 방식에서 발전하여 단체 간 네트워크 프로그램을 지원하고 3년의 지원이 종료된 단체를 대상으로 성과 정리 프로젝트를 지원하고 있습니다.

5. 사업 절차

인큐베이팅 지원사업은 직접 사업으로서 매년 신규 지원 선정과 연속 지원 선정을 각 1회씩 진행합니다.

① 신규 지원
- 공지 — 접수 — 1차 심사 — 선정 — 2차 심사 — 최종 선정 — 준비 기간 지원 — 결과 보고 — 1년차 지원 — 결과 보고

② 연속 지원(2년차 지원, 3년차 지원)
- 접수 — 심사 — 선정 — 2/3년차 지원 — 결과 보고

6. 지원 내역

AMC팩토리 비영리민간단체 설립 완료
다양한 나라의 사람이 모여 문화·예술 활동을 통해 에너지를 만들어가는 문화예술단체

지리산이음 사회적협동조합 설립 완료
지리산권(남원, 구례, 하동, 산청, 함양) 사람들의 협동과 연대를 통한 공동체 활동을 지원하는 지역 단체

청소년성소수자 위기지원센터 띵동 비영리민간단체 설립 완료
위기 상황에 놓인 청소년 성소수자를 상담하고 지원하는 비영리단체

노동예술지원센터 흥 2020년 자립 예정
노동자와 예술가, 지역(부산)을 연결하는 문화예술단체

제주다크투어 2021년 자립 예정
여행 속에서 제주 4.3을 알리고 기억을 공유하는 비영리단체

발달장애청년허브 사부작 2022년 자립 예정
발달장애청년들이 마을에서 어울려 살아갈 수 있도록 연결해주는 마을 플랫폼